Discovery EDUCATION

맛있는 과학

디스커버리 에듀케이션
맛있는 과학-41 스포츠

1판 1쇄 발행 | 2012. 5. 29.
1판 4쇄 발행 | 2018. 3. 11.

발행처 김영사
발행인 고세규
등록번호 제 406-2003-036호
등록일자 1979. 5. 17.
주 소 경기도 파주시 문발로 197(우10881)
전 화 마케팅부 031-955-3102 편집부 031-955-3113~20
팩 스 031-955-3111

값은 표지에 있습니다.
ISBN 978-89-349-5805-5 64400
ISBN 978-89-349-5254-1 (세트)

좋은 독자가 좋은 책을 만듭니다. 김영사는 독자 여러분의 의견에 항상 귀 기울이고 있습니다.
독자의견전화 031-955-3139 | 전자우편 book@gimmyoung.com | 홈페이지 www.gimmyoungjr.com
어린이들의 책놀이터 cafe.naver.com/gimmyoungjr | 드림365 cafe.naver.com/dreem365

어린이제품 안전특별법에 의한 표시사항

제품명 도서 **제조년월일** 2018년 3월 11일 **제조사명** 김영사 **주소** 10881 경기도 파주시 문발로 197
전화번호 031-955-3100 **제조국명** 대한민국 **⚠주의** 책 모서리에 찍히거나 책장에 베이지 않게 조심하세요.

최고의 어린이 과학 콘텐츠

디스커버리 에듀케이션 정식 계약판!

Discovery EDUCATION

맛있는 과학

41 | 스포츠

김민정 글 | 진주 그림 | 류지윤 외 감수

주니어김영사

차례

1. 야구

2. 수영

3. 육상

4. 공의 과학

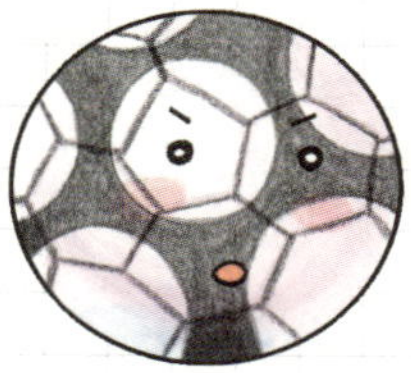

5. 얼음 위의 경기

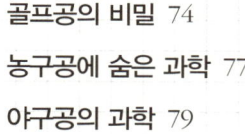

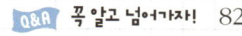

관련 교과

초등 3학년 2학기 **4. 빛과 그림자**
초등 6학년 2학기 **2. 일기 예보**
중학교 1학년 **7. 힘과 운동**

1. 야구

"홈런입니다. 홈런이에요! 조그만 공이 관중석 쪽으로 시원하게 넘어갑니다." 무슨 경기인지 눈치챘나요? 바로 야구입니다. 야구는 던지고, 치고, 달리는 기본 동작 세 개로 이루어져 있어요. 무척 간단해 보이지요? 하지만 어떤 스포츠보다 과학적이고 세밀한 운동 경기입니다. 야구에는 어떤 과학 원리가 숨어 있는지 우리 함께 살펴볼까요?

검정 테이프에 숨은 과학

야구 경기장에 가면 야구 선수들이 눈 밑에 검정 테이프를 붙이고 경기를 합니다. 왜 그럴까요? 햇빛이 경기에 집중하는 것을 방해하기 때문이에요. 야구는 햇볕이 쨍쨍 내리쪼이는 야외에서 하는 스포츠이기 때문에 햇볕의 영향을 받을 수밖에 없습니다. 게다가 작은 공을 치거나 잡아야 해서 공의 위치를 조금만 잘못 보아도 큰 실수를 하게 돼요. 그래서 햇볕 때

햇살이 내리쪼이는 야구 경기장.

문에 생기는 실수를 막기 위하여 눈 밑에 검정 테이프를 붙입니다. 검정 테이프가 어떠한 역할을 하는지 알아볼까요?

빛의 반사

빛은 물체를 만나면 되돌아 오는 성질이 있습니다. 이런 빛의 성질을 빛의 반사라고 하지요. 빛이 매끈매끈한 면의 물체를 만나면 정해진 방향으로 되돌아 나와서 반대편에 있는 물체의 모습을 비춰 줍니다.

거울도 빛의 이런 원리를 이용한 물건입니다. 빛이 거울처럼 매끈매끈한 면을 만나 정해진 방향으로 되

거울과 같은 매끈매끈한 면은 물체를 비춘다.
ⓒ Adamina@the Wikimedia Commons

반사율

물체의 표면에서 빛이 반사되는 정도를 말해요. 반사율이 높으면 빛을 더 많이 반사합니다.

돌아 나오는 것을 빛의 정반사라고 합니다. 빛이 울퉁불퉁한 면을 만나 여러 방향으로 흩어져 반사되는 것은 빛의 난반사라고 해요. 물질의 종류에 따라서 빛을 반사하는 정도는 달라집니다. 빛을 더 많이 반사하는 물질은 반사율이 높다고 말합니다.

왜 검정 테이프를 붙일까요?

우리의 피부는 겉보기에는 매끈하지만 속에는 기름기가 숨어 있습니다. 또 몸을 많이 움직이면 땀이 나서 평소보다 피부가 빛을 더 많이 반사해요. 그래서 운동선수가 햇빛을 받으면 피부의 기름기와 땀 때문에 빛이 많이

어휴,
꽁꽁 끼어 입었는데
왜 이렇게 춥지?
그렇게 밝은 옷을
입었으니 그렇지.
빛을 다 반사하잖아.

반사되어 눈에 비치게 됩니다. 이렇게 반사된 빛이 눈에 들어오면 야구 선수들은 공을 뚜렷하게 볼 수 없습니다. 그래서 눈 밑에 검정 테이프를 붙입니다. 검정 테이프가 빛이 반사되는 양을 줄여 주거든요. 빛은 색깔에 따라 반사되는 양이 달라지기 때문이에요.

각각의 색마다 빛을 반사하는 양이 다른데, 빛을 많이 흡수할수록 적게 반사하고, 빛을 적게 흡수할수록 많이 반사합니다. 검은색은 빛을 가장 많이 흡수하고, 가장 적게 반사하는 색입니다. 흰색은 빛을 거의 흡수하지 못하므로 가장 많은 빛을 반사해요.

계절에 따라 사람들이 좋아하는 옷의 색깔이 달라지는 것도 이 때문입니다. 추운 겨울에는 주로 검은색 옷을 많이 입지요. 검은색 옷은 빛을 많이 흡수해서 몸을 따뜻하게 합니다. 여름에는 하얀색 옷을 많이 입어요. 하얀색 옷은 빛을 반사해 몸을 시원하게 합니다.

빛의 색

빛이 전혀 들어오지 않는 방에 들어가면 사물을 볼 수 있을까요? 시간이 지나 눈이 어둠에 익숙해지면 물체들이 조금씩 보이기 시작할까요? 아닙니다. 빛이 조금도 없는 방에서는 아무것도 볼 수 없습니다. 우리는 빛이 반사되는 성질 때문에 사물을 볼 수 있습니다. 물체가 반사하는 빛이 눈으로 들어와야 물체를 볼 수 있지요. 그런데 빛이 조금도

빨간색 빛을 반사하는 빨간색 사과.

없는 곳에서는 물체가 빛을 반사할 수 없으므로 아무것도 볼 수 없습니다.

빨간색 사과는 빨간색 빛을 반사하기 때문에 우리 눈에 빨간색 빛이 들어와서 빨간색으로 보입니다. 다른 색도 대부분 같은 원리로 우리 눈에 보이게 됩니다. 그런데 검은색과 하얀색은 다릅니다. 검은색 티셔츠는 모든 빛을 흡수하기 때문에 검게 보이고, 하얀색 탁자는 빛 전체를 반사하기 때문에 모든 빛의 색이 합해져 하얀색으로 보입니다. 그러므로 빛이 없으면 눈으로 들어오는 빛 역시 없기 때문에 아무것도 볼 수 없습니다.

TIP 요건 몰랐지?

빛의 색 섞기

미술 시간에 밑그림에 색칠을 하다가 원하는 색이 없어서 당황했던 적 없나요? 예를 들어, 보라색 꽃을 색칠해야 하는데 보라색이 없어진 것이지요. 하지만 색을 잘 만들 줄 알면 걱정하지 않아도 됩니다. 빨간색과 파란색을 섞으면 보라색이 되니까요. 이와 같이 원하는 색깔의 물감이 없을 때에는 물감의 색을 섞어서 그 색을 만들 수 있습니다.

그런데 물감은 여러 가지 색을 섞으면 섞을수록 어두운 색이 된다는 사실을 알고 있나요? 가지고 있는 모든 색을 다 섞으면 검정색이 됩니다.

그렇다면 빛은 어떨까요? 빛도 물감처럼 색을 섞을 수 있습니다. 하지만 빛은 물감과 정반대로 색을 섞으면 섞을수록 밝은 색을 냅니다. 만약 빨, 주, 노, 초, 파, 남, 보의 무지개 색이 모두 섞이면 빛은 흰색이 됩니다. 투명한 빛이 되는 것이지요.

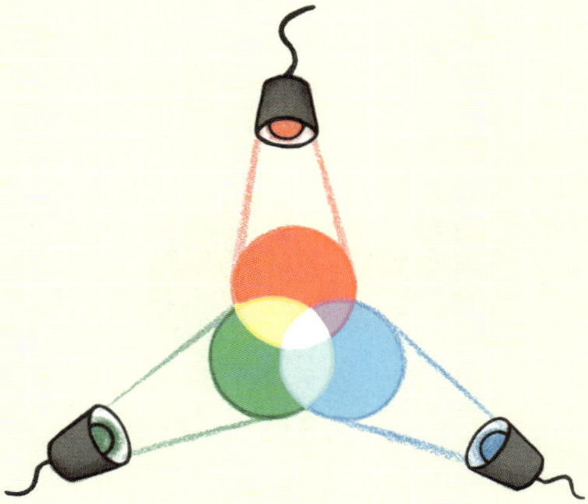

빨강, 초록, 파랑색 빛을 섞으면 투명해진다.

자주, 노랑, 청록색의 물감을 섞으면 검정색이 된다.

야구 방망이에 숨은 과학

타자가 사용하는 야구 방망이에도 과학이 숨어 있습니다. 야구 방망이에 숨은 과학은 경기를 이기거나 지게 할 수 있답니다. 그래서 모든 선수는 야구 규정에 따라 만든 야구 방망이를 사용해야 해요. 누구 한 명에게만 유리해서는 안 되기 때문이지요. 물론 키나 몸무게, 손의 크기 등을 개인에게 맞추어 야구 방망이의 무게나 길이, 손잡이 부분 등을 만들어 사용한답니다. 하지만 재료만은 꼭 규정에 맞게 만들어야 해요. 야구 방망이의 재료에도 과학이 숨어 있기 때문이지요.

탄성이 좋은 방망이를 써요

야구 방망이의 재료에 규정이 생긴 것은 1970년대 초반에 일본의 프로 야구 선수들이 사용했던 압축 방망이를 금지하기 위한 조치였습니다. 일본 선수들이 압축 방망이를 사용하여 홈런을 많이 쳤기 때문이에요.

압축 방망이는 나무에 큰 압력을 주어서 만들거나, 보통 나무보다 훨씬 단단한 대나무를 얇게 잘라서 방망이에 접착제로 붙여 만듭니다. 이런 식으로 만들면 야구 방망이의 반발력을 높여 주지요. 반발력이란 공이 방망이에 맞았을 때 공에 가해지는 힘을 말합니다. 방망이를 압축해 만들면 나무가 공을 튕기는 힘이 세지고 튕기는 힘이 세지면 에너지가 소비되는 양이 적어진답니다. 그래서 같은 힘으로 야구공을 쳐도 훨씬 멀리 보낼 수 있지요.

이런 원리를 이용하여 1990년대에 미국의 메이저 리그에서는 나무 방망이의 속을 파내고, 그 안에 가볍고 탄성이 좋은 코르크 물질을 채워 넣기도 했습니다. 탄성이 좋은 야구 방망이는 공을 멀리, 그리고 빨리 날아갈 수 있

메이저리그

미국 프로 야구의 리그입니다. 리그란 야구나 축구 등에서 경기를 벌이는 스포츠팀을 말해요.

탄성

어떤 물체에 힘을 주면 부피와 모양이 바뀌었다가, 그 힘을 없애면 다시 원래 모양으로 되돌아가려는 성질을 말합니다.

부러진 야구 방망이.
ⓒ Keith Allison@the Wikimedia Commons

게 했습니다. 하지만 방망이가 약해서 빠른 공에 맞아 부러지는 일도 여러 번 생겼어요. 경기 도중에 방망이가 부러지면 선수들이 부상당할 위험이 높기 때문에 이 방망이 역시 금지되었습니다.

세게 휘둘러요

타자가 방망이를 휘둘러서 공을 경기장 밖으로 나가게 하려면 공은 큰 힘을 받아서 빠르고 멀리 날아가야 합니다. 투수는 타자에게 힘껏 공을 던지고, 타자는 방망이를 휘둘러 그 공을 멀리 날립니다. 투수가 온 힘을 다해 공을 멀리 던진다면 경기장 밖으로 공이 날아갈 수 있을까요? 거의 불가능합니다. 하지만 투수가 던진 공을 타자가 방망이로 받아 쳤을 때는 경기장 밖뿐만 아니라 관중석을 넘어 하늘 높이 날아가는 장외 홈런도 칠 수 있습니다. 이렇게 방망이와 투수가 던진 야구공이 부딪치는 것을 충돌이라고 합니다. 야구공은 투수가 던진 힘에 방망이를 휘두르는 힘까지 더해져서 훨씬 더 큰 힘을 받게 된답니다.

방망이를 세게 휘둘러야 공이 멀리 날아간다.

타자가 야구공을 쳤을 때 야구 방망이의 질량과 속도는 날아오는 야구공의 질량과 속도와 만나게 됩니다. 이때 야구 방망이와 야구공의 속도가 빠르면 빠를수록 공이 야구 방망이에 맞고 날아가는 속도도 빨라져요. 이렇듯 질량과 속도는 충돌에 영향을 미칩니다. 또한 질량이 작더라도 속도가 빠르면 공이 받게 되는 에너지도 커집니다.

따라서 야구공의 운동량은 질량에 속도를 곱한 값으로 설명될 수 있습니다. 무거운 방망이로 야구공을 치거나, 방망이를 빨리 휘두를수록 야구공은 큰 운동량을 갖게 되지요. 운동량이 클수록 야구공은 멀리까지 빠르게 날아갈 수 있습니다.

운동량 = 질량 × 속도

야구 방망이가 무거울수록, 빠르게 공을 칠수록 야구공의 운동량은 커진다.
ⓒ Dakota County Technical College@the Wikimedia Commons

야구 방망이의 크기와 무게

한국야구위원회는 선수들의 야구 방망이에 대해 명확히 규정했습니다. 겉면이 고른 둥근 나무로 만들어야 하고 굵기는 가장 굵은 부분의 지름이 7㎝ 이하, 길이는 106.7㎝ 이하여야 하며, 하나의 재료로 만들어야 합니다. 하지만 야구 방망이의 무게에 대해서는 아무런 규정도 없어요. 선수들의 개인 차이를 고려하기 위해서랍니다. 따라서 각 선수가 사용하는 야구 방망이의 무게는 저마다 달라요.

가벼운 방망이가 좋아요

무게에 대한 규정이 없다면 무거운 방망이와 가벼운 방망이 중 어느 쪽이 더 좋을까요? 사실 정확하게 어느 쪽이 더 좋다고는 말할 수 없어요. 왜냐하면 무거운 방망이와 가벼운 방망이 둘 다 장점과 단점이 있기 때문입니다. 무거운 방망이를 사용할 때에는 방망이를 빠르게 휘두를 수 없다는 단점이 있지만, 공을 멀리 보낼 수 있다는 장점이 있지요. 또 가벼운 방망이를 사용하면 방망이를 빠르게 휘두를 수는 있지만, 공을 멀리 보낼 수는 없어요.

투수가 던진 공을 받아치기란 매우 어려운 일입니다. 정확하게 치기 위해서는 가벼운 야구 방망이를 이용하는 편이 더 효과적일 수도 있습니다. 야구 방망이가 가벼우면 그만큼 원하는 대로 조정하기 편하기 때문이지요. 또한 날아오는 공을 보고 방향을 가늠해서 빠르게 치려면 무거운 방망이보다는 가벼운 방망이가 편리합니다. 그래서 미국 메이저 리그의 야구 선수들은 야구 방망이를 가볍게 하기 위해 나무 방망이 속에 코르크를 집어넣기도 했던 것이지요.

타자에게 공이 날아오는 1초도 안 되는 시간 안에 방망이가 회전하는 시간도 생각해야 하는 야구 선수들이 가벼운 방망이를 선택하는 것은 어쩌면 당연해 보입니다. 많은 야구 선수들이 1kg도 안 되는 야구 방망이를 썼으며, 188cm에 98kg이 나갔던 전설적인 타자 베이브 루스도 1.4kg의 가벼운 방망이를 썼어요.

날씨와 야구 경기

햇볕이 쨍쨍 내리쬐이는 화창한 날씨에 야구 경기를 보면 더워서 땀이 나도 무척 신이 납니다. 이런 화창한 날씨에는 홈런과 안타가 더 많이 나오기 때문이에요. 이 사실에는 과학적인 이유가 숨어 있어요. 어떤 과학적 비밀이 숨겨져 있는지 함께 알아보아요.

딱
흠, 오늘은 수증기 부대가 공기중에 쫙 깔렸군. 이래서 멀리 날아갈 수 있겠어?

수증기와 기온

날씨가 흐리면 공기 중에 수증기량이 많아져서 공이 날아갈 때 방해하는 힘이 세집니다. 이때 공을 방해하는 힘을 공기저항이라고 해요. 흐린 날에는 공기 중의 수증기 때문에 공이 저항을 많이 받게 된답니다. 같은 힘으로 공을 치더라도 공이 멀리 날아갈 수 없지요.

공기저항

공기 속을 운동하는 물체가 공기로부터 받는 저항을 말합니다. 물체에 작용하는 공기 중의 마찰력이라 할 수 있어요.

공기저항은 흐리고 맑은 날씨뿐 아니라 기온에 따라서도 달라집니다. 우리나라에서는 대구 구장에서 홈런이 제일 많이 나옵니다. 대구 구장의 크기가 작은 것도 홈런이 많이 나오는 이유 가운데 하나이지만, 또 다른 이유는 기온 때문입니다. 대구가 우리나라에서 가장 기온이 높은 지역이거든

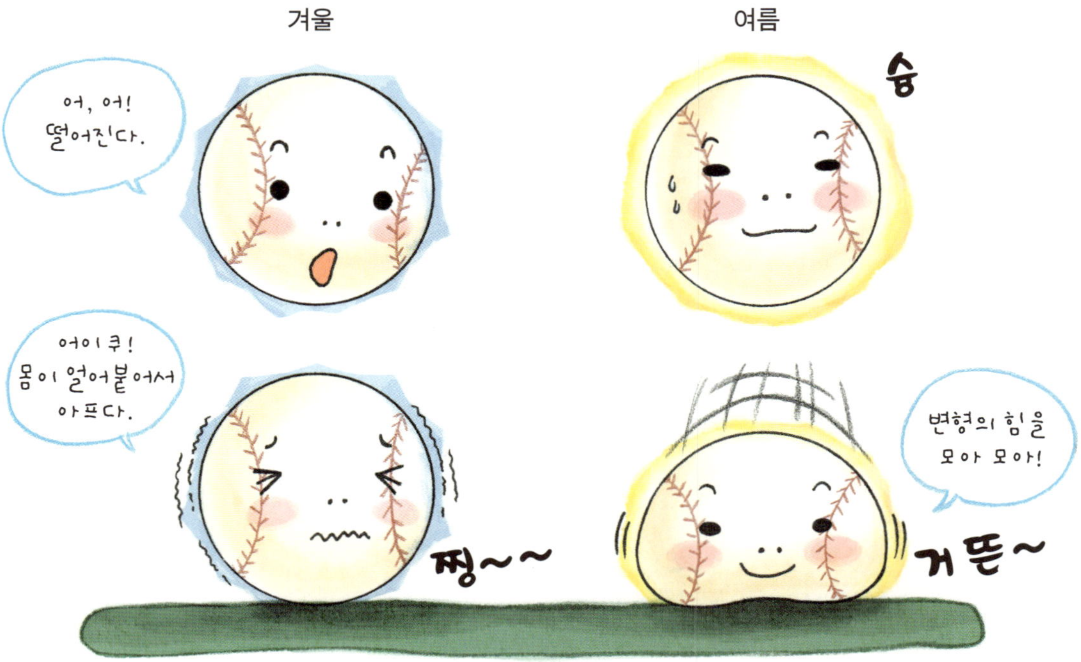

더운 곳보다 추운 곳에서 공의 변형이 적게 일어난다.

요. 기온이 높으면 공기의 부피가 늘어나면서 구장 안에 있는 공기의 수가 줄어듭니다. 그러면 구장 안에서 야구공이 받는 공기저항도 줄어들어 홈런이 많이 나올 수 있답니다.

온도와 공의 변형

온도에 따라서도 경기 결과가 달라집니다. 온도는 야구공의 변형에 영향을 줍니다. 야구 방망이와 공이 충돌할 때 야구공은 모양이 찌그러지는 변형을 일으킵니다. 이러한 변형은 잠시 후에 다시 원래의 상태로 돌아가면서 공을 튀게 하지요. 공이 빠르게 변하면 더 많이 튀게 되어 힘을 많이 받을 수 있습니다.

하지만 추운 곳에서는 공의 변형이 적게 일어납니다. 이러한 현상은 실험을 통해서도 확인해 볼 수 있어요. 야구공을 냉장고에 보관했다가 밖에 놔두었던 공과 함께 바닥에 떨어뜨려 보면 밖에 놔두었던 공이 냉장고에 보관했던 공보다 잘 튀어 오르는 모습을 볼 수 있습니다.

변형

탄성을 가진 물체의 형태나 부피가 바뀌는 것을 뜻해요. 늘어남, 줄어듦, 휨, 비틀림 등의 변형이 있습니다.

TIP 요건 몰랐지?

투수들의 무덤, 쿠어스 필드

경기장의 위치가 높으면 공기를 잡아당기는 중력의 힘이 약해지기 때문에 공기의 양이 적어집니다. 그러면 공이 앞으로 나아갈 때 받는 공기저항도 작아져요. 이렇게 높은 곳에 있어서 유명해진 야구 경기장이 하나 있습니다. 미국 콜로라도 주의 구장인 쿠어스 필드입니다. 쿠어스 필드는 미국에서 가장 높은 곳에 있는 경기장이에요. 해발고도 1,610m에 있지요. 해발고도는 평균 해수면을 기준으로 잰 높이를 말합니다. 부산 사직 구장의 해발고도는 0m입니다. 그래서 쿠어스 필드에서는 부산의 사직 구장에서보다 공이 약 14m 더 나아갈 수 있다고 합니다. 또한 공이 날아가는 속력도 더 빨라서 수비수들이 공을 잡기가 어렵습니다. 이런 환경에서는 공을 던지는 투수보다는 공을 받아치는 타자들이 유리한 경기를 펼칠 수 있기 때문이지요. 그래서 쿠어스 필드는 '투수들의 무덤'이라는 별명을 얻었습니다.

쿠어스 필드. © Matt Kozlowski@the Wikimedia Commons

Q&A 꼭 알고 넘어가자!

문제 1 야구 선수들은 눈 밑에 검정색 테이프를 붙이고 경기를 합니다. 그 이유는 무엇일까요?

문제 2 더운 여름에는 하얀색 옷을 많이 입습니다. 그 이유는 무엇인가요?

3. 압축 방망이를 사용하여 홈런을 많이 쳤기 때문입니다. 압축을 하면 나무가 공을 튕기는 힘이 커지고, 튕기는 힘이 커지면 휘두를 때 사용하는 에너지를 훨씬 적게 소비할 수 있어요. 압축 방망이를 이용하면 같은 힘으로 야구공을 쳐도 훨씬 멀리 보낼 수 있기 때문에 금지되었습니다.

4. 날씨가 흐리면 공기 중에 수증기량이 많아져서 공이 날아갈 때 방해하는 힘이 세집니다. 공기 중의 수증기 때문에 공이 저항을 많이 받는 것이지요. 그래서 같은 힘으로 공을 치더라도 날씨가 맑은 날보다 공이 멀리 날아갈 수 없답니다. 맑은 날에는 공기저항이 약해지므로 더 많은 홈런을 칠 수 있어요.

문제 3 모든 야구 리그에서 압축 방망이를 쓰지 못하도록 금지했습니다. 왜 그럴까요?

문제 4 날씨가 맑은 날에 선수들이 홈런을 더 잘 칠 수 있는 이유는 무엇인가요?

정답

1. 운동선수가 햇볕을 받으며 경기를 하면 피부에 기름기와 땀이 생깁니다. 기름기와 땀은 빛을 더 많이 반사해 눈에 비치게 하지요. 그러면 선수들은 공을 뚜렷하게 볼 수 없기 때문에 눈 밑에 검정색 테이프를 붙입니다. 검정색 테이프는 빛이 반사되는 양을 줄여 주어서 빛을 덜 반사합니다.

2. 각각의 색마다 빛을 반사하는 양이 다릅니다. 검은색은 빛을 가장 많이 흡수하므로 빛을 반사하는 양이 제일 적습니다. 흰색은 빛을 거의 흡수하지 못하므로 가장 많이 반사하고요. 여름에 흰색 옷을 입는 것은 이 때문입니다. 빛을 많이 반사해 몸을 시원하게 하기 위해서이지요.

관련 교과

초등 3학년 2학기 1. 액체와 기체의 부피
중학교 1학년 7. 힘과 운동
중학교 3학년 2. 일과 에너지

2. 수영

2008년 베이징 올림픽 때 물살을 가르며 앞으로 나아가던 박태환 선수는 대한민국의 자랑이었습니다. 박태환 선수는 금메달을 따며 우리나라의 수영 역사를 새롭게 썼지요. 건장한 외국 선수들을 제치고 금메달을 딸 수 있었던 비결이 무엇인지 과학적으로 파헤쳐 보아요.

몸이 물에 뜨는 이유

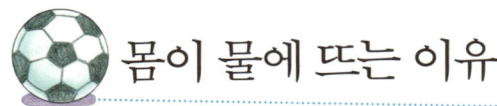

사람은 육지에 사는 동물입니다. 거의 모든 일을 땅 위에서 하지요. 그런데 어떻게 사람은 수영도 할 수 있을까요? 수영하기 위해서는 물 위에 떠야 하는데, 사람이 어떤 원리로 물 위로 뜰 수 있는지 함께 알아보아요.

밀도가 작은 것은 물 위에 떠요

물의 성질을 알아보기 위하여 물 위에 물건들을 올려놓아 보세요. 스티

스티로폼은 밀도가 작기 때문에 물 위에 뜬다. ⓒ Tommy Wong@the Wikimedia Commons

로폼과 쇳덩이를 올려놓으면 물의 성질을 확실하게 알 수 있습니다. 가벼운 스티로폼은 물 위에 둥실 떠오릅니다. 아무리 큰 스티로폼을 올려놓아도 가라앉지 않아요. 하지만 무거운 쇳덩이는 아무리 작게 잘라 넣어도 물속으로 가라앉습니다. 이는 밀도의 차이 때문에 생기는 현상입니다.

밀도

물질의 질량을 부피로 나눈 값입니다. 물질마다 고유한 값이 있어요.

밀도는 물질이 모여 있는 정도를 말합니다. 밀도의 차이를 알아보려면 여러 가지 물질을 같은 크기로 잘라서 서로 무게를 비교해 보면 됩니다. 밀도가 큰 물질은 물질의 모여 있는 정도가 커서 물질 사이의 틈이 별로 없어요. 그래서 같은 크기인데도 밀도가 작은 물질보다 무게가 더 무거워집니다.

스티로폼은 아무리 커도 밀도가 낮기 때문에 무게가 거의 나가지 않습니다. 그에 반해 쇳덩어리는 아무리 작게 잘라도 밀도가 크기 때문에 무게가 많이 나가요. 이 밀도를 물의 밀도와 비교해 보면 물속으로 가라앉는 물체들이 왜 가라앉는지 알 수 있습니다. 물보다 밀도가 큰 물체는 물속으로 가라앉고, 물보다 밀도가 작은 물체는 물 위로 뜬답니다.

사람의 밀도

사람은 물보다 밀도가 클까요, 작을까요? 사람의 밀도는 근육과 지방의 양, 뼈의 구성에 따라 몸의 부위나 사람마다 조금씩 다릅니다. 사람의 몸통은 근육보다는 지방의 양이 많아서 밀도가 가장 작습니다. 팔과 다리는 근육의 양이 많기 때문에 밀도가 크고요. 근육은 물과 밀도가 비슷하고, 지방은 물보다 밀도가 작으며, 뼈는 물보다 밀도가 크기 때문에 사람에 따라서 지방이 많은 사람이 물 위에 더 잘 뜰 수 있습니다.

커다란 배도 부력의 원리를 이용해 물 위에 뜰 수 있다.

물이 물체를 밀어 내요

물속에 있는 물체는, 물체가 차지한 양만큼의 물이 지닌 힘을 받아 위로 떠오릅니다. 이렇게 물이 물체를 밀어 내는 힘을 부력이라고 합니다. 물속에서 물체가 받는 부력은 그 물체의 밀도와 관계가 있어요. 물체들의 무게가 같을 때 부피가 큰 물체일수록 부력이 커집니다. 부피가 클수록 물이 물체를 밀어 내는 힘도 커집니다.

부력

기체나 액체 속에 있는 물체가 그 물체에 작용하는 압력에 의해 위로 뜨려는 힘입니다. 지구의 중심 쪽으로 작용하는 중력과는 반대 방향이지요. 물체에 작용하는 부력이 중력보다 크면 위로 뜨는 것입니다.

몸이 물 위로 많이 떠오르면 물의 저항을 덜 받게 되어 앞으로 헤엄치기 쉬워져요. 흑인에 비해 백인이 수영 경기에서 더 좋은 기록을 내는 이유도 여기에 있습니다. 백인은 흑인보다 팔다리가 짧고 근육이 조금밖에 없는 대신 지방의 비율이 높아서 물에 더 잘 뜰 수 있답니다. 물속에 잠긴 부분이 많으면 물의 저항을 많이 받게 되어 앞으로 나아가기가 힘들거든요. 물 위에 뜨는 부분이 많은 백인이 수영 경기에서 유리하겠지요. 사람과 화물을 싣고 바다를 가로지르는 커다란 배 또한 무게는 무겁지만, 이런 부력의 원리를 이용해 물 위에 뜰 수 있습니다.

수영복의 과학

마찰

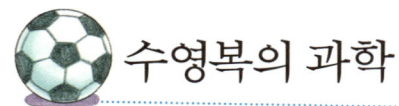

맞닿은 두 물체가 운동할 때, 그 운동을 방해하는 방향으로 힘이 작용하는 현상을 말합니다.

예전에 수영 선수들은 최대한 작은 수영복을 입고 경기에 나갔습니다. 수영복과 물이 마찰해서 좋은 기록을 내는 데 방해가 되었기 때문입니다. 하지만 2000년 시드니 올림픽에서 처음으로 전신 수영복을 입은 선수가 나타났습니다. 사람들은 모두 놀랐어요. 어떤 선수들은 물과의 마찰을 줄이기 위해 머리카락이나 털까지 깎고 경기에 나서기도 했거든요. 그런데 전신 수영복을 입고 나왔으니 모두 저 선수가 물의 저항을 받아 뒤처지지는 않을까 걱정했습니다. 결과는 어땠을까요? 또한 그 선수는 왜 온몸을 감싸는 전신 수영복을 입었을까요?

전신 수영복의 비밀

2000년 시드니 올림픽 때 처음으로 전신 수영복을 선보인 선수는 바로 오스트레일리아의 이언 소프였습니다. 사람들은 그가 전신 수영복을 입어서 기록이 떨어지지는 않을까 걱정했지만 결과는 아주 성공적이었어요. 이언 소프가 입은 전신 수영복은 물의 저항을 최대한 줄이는 첨단 합성 섬유 수영복이었기 때문이지요.

전신 수영복은 목에서부터 발목까지 온몸을 감싸고 있습니다. 주목할 만한 점은 이 수영복의 모양이 상어의 비늘 모양을 본떴다는 사실이에요. 상어의 피부에는 작은 돌기들이 돋아 있습니다. 이 작은 돌기들이 물과 피부의 마찰에서 생기는 소용돌이를 밀어 내면서 마찰을 한층 줄여 주고, 그 결과 수영 속도를 높일 수 있어요. 또한 전신 수영복은 온몸을 꽉 조여서 근육이 덜 피로하게 해 준답니다.

돌기

뾰족하게 내밀거나 도드라진 부분을 돌기라고 부릅니다.

하지만 이제 더 이상 합성 섬유로 만든 전신 수영복을 입을 수 없어요. 국제수영연맹에서 전신 수영복을 금지했기 때문이지요. 전신 수영복의 효과가 드러나자 많은 선수가 입기 시작했고, 곧 새로운 기록들이 쏟아졌습니

전신 수영복은 상어의 비늘 모양을 본떠서 만들었다. ⓒ Jmex60@the Wikimedia Commons

다. 2008년 베이징 올림픽과 그해에 열린 국제 대회에서 신기록이 무려 108개나 나왔어요. 2009년 로마 세계수영선수권대회에서도 43개의 세계 기록이 나왔고요. 그러자 국제수영연맹은 2010년부터 수영복의 규정을 다시 정했습니다. 합성 섬유로 만든 수영복을 금지했어요. 또한 온몸이 아니라 배꼽부터 무릎까지만 덮는 수영복을 입도록 했습니다. 선수들이 공정한 조건에서 수영 실력을 펼칠 수 있도록 하기 위해서였습니다.

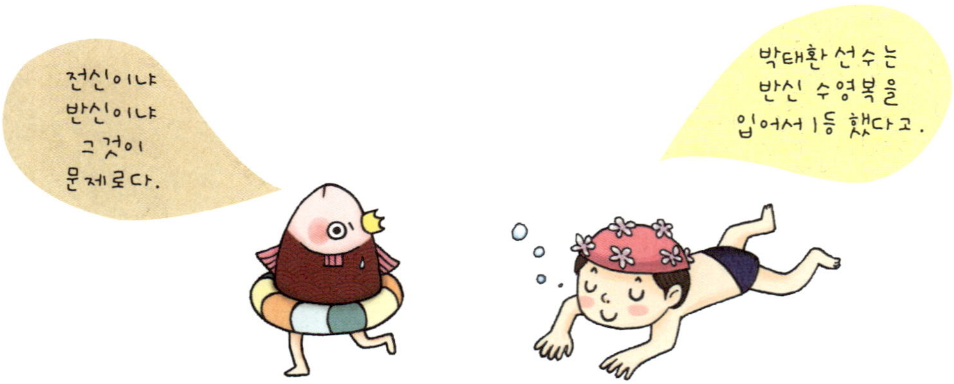

전신이냐 반신이냐 그것이 문제로다.
박태환 선수는 반신 수영복을 입어서 1등 했다고.

TIP 요건 몰랐지?

반신 수영복

2008년 베이징 올림픽에서는 몸 전체를 감싸 주는 전신 수영복이 최고의 인기를 누렸습니다. 대부분의 선수가 전신 수영복을 선택했지요. 하지만 우리나라의 박태환 선수는 반신 수영복을 선택했답니다. 박태환 선수는 전신 수영복보다 반신 수영복이 자신의 몸에 더 효과적이라고 계산했어요.

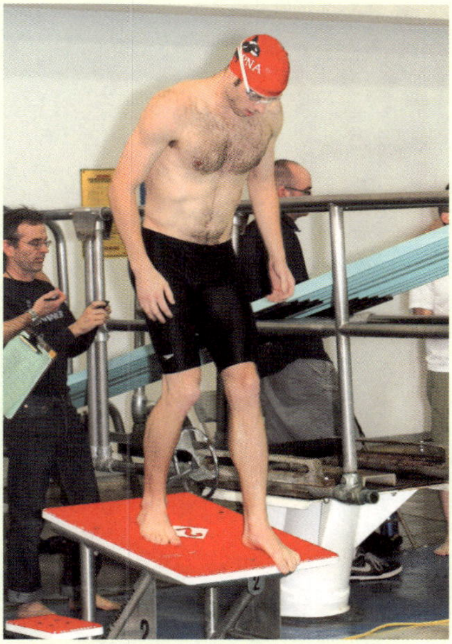

반신 수영복을 입은 선수.
© markjhandel@the Wikimedia Commons

박태환 선수는 부력이 매우 좋아서 몸 대부분을 물 위에 띄워 수영할 수 있습니다. 그래서 물과 마찰하는 부분이 적어요. 굳이 전신 수영복의 도움을 받아 물과의 마찰력을 줄일 필요가 없지요. 더욱이 박태환 선수는 전신 수영복을 입으면 팔을 휘저을 때 불편하여 오히려 경기에 방해가 된다고 느꼈습니다. 이처럼 여러 가지 이유를 생각하여 자신에게 맞는 최고의 수영복을 선택했고, 그 결과 최고의 성적을 거둘 수 있었습니다.

빠르게 헤엄치는 방법

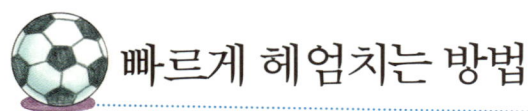

조니 와이즈뮬러
Johnny Weissmuller, 1904~1984

어린 시절 자주 아팠던 와이즈뮬러는 힘을 기르기 위해 수영을 시작했습니다. 훗날 세계적인 수영 챔피언이 되었고, 다섯 개의 메달을 거머쥐며 올림픽 선수단의 스타가 되었습니다. 1929년 수영을 그만두고 영화배우가 되었고, 1932년에 만들어진 영화 《타잔》의 주인공이 되었지요.

지난 100년 동안 육상에서의 100m 기록은 약 1초 정도 줄었습니다. 그러면 수영에서는 얼마나 줄었을까요? 수영에서는 수영 방법의 변화로 기록이 15초까지 단축되었어요. 어떤 방법으로 수영해야 가장 빠르게 나아갈 수 있을까요?

1924년 파리 올림픽과 1928년 암스테르담 올림픽에서 금메달을 다섯 개나 휩쓴 미국의 수영 스타가 있습니다. 바로 조니 와이즈뮬러라는 선수예요. 이 선수는 세계 기록을 67번이나 갈아치운 놀라운 기록을 세웠습니다. 또 처음으로 1분대의 벽을 허물었어요. 와이즈뮬러가 이런 엄청난 기록을 세울 수 있었던 것은 바로 그의 수영 방법 덕분이었습니다. 그는 지금 우리가 사용하는 크롤 영법과 비슷한 방법으로 수영했습니다.

크롤 영법(자유형)

크롤 영법은 영국의 크롤이라는 사람이 만든 수영 방법입니다. 크롤 영법을 짧게 줄여 크롤이라고도 합니다.

가장 빠른 속력을 낼 수 있는 크롤. ⓒ cmaccubbin@the Wikimedia Commons

자신 있는 영법을 선택하여 경기하는 자유형 경기에서 가장 일반적으로 쓰는 방법이 크롤 영법입니다. 속력이 제일 빠른 방법이라서, 많은 선수가 자유형에서 크롤 영법을 선택합니다.

헤엄을 쳐서 물살을 가르고 나아가는 수영 선수들은 물에서 아주 큰 저항을 받게 됩니다. 이때 선수의 움직임을 방해하는 물의 저항을 항력이라고 해요. 항력이 모든 선수에게 똑같이 작용하지는 않습니다. 수영하는 선수의 몸의 형태나 수영 속도, 또는 피부의 매끄러운 정도에 따라 달라지지요. 따라서 빠른 속력을 내기 위해서 물의 항력을 이겨 내는 방법을 연구하게 되었습니다. 수영을 할 때에는 몸을 움츠려서 항력을 줄일 수 없기 때문에, 수영 선수들은 몸을 매끈한 유선형으로 만들려고 노력합니다. 항력을 이겨 내기 위해서는 물고기를 닮은 유선형이 가장 좋거든요.

크롤은 몸을 최대한 유선형으로 만들어 물과의 항력을 줄이고, 물을 끌

어당기면서 미끄러지는 듯 나아가는 느낌으로 헤엄치는 영법입니다. 또 물속에서 앞으로 나아가기 위해 한쪽 팔을 저어 물을 밀어 내는 동시에 다른 팔과 어깨는 물 밖으로 내놓아 물과 몸이 닿아 생기는 항력을 최대한 줄입니다.

물속 동물의 대부분은 물과의 항력을 줄여 주는 유선형이다.

유선형

물이나 공기의 저항을 최대한 적게 하게 위해 앞부분을 곡선으로 만들고, 뒤쪽으로 갈수록 뾰족하게 만든 모양입니다. 자동차, 비행기, 배, 잠수정, 고속열차 따위의 모양에 이용합니다.

접영

접영은 나비와 같은 팔 동작 때문에 나비의 영어 이름을 따 버터플라이 영법이라고도 말합니다. 이 수영법은 나비와 같은 팔 동작과 돌고래 같은 다리

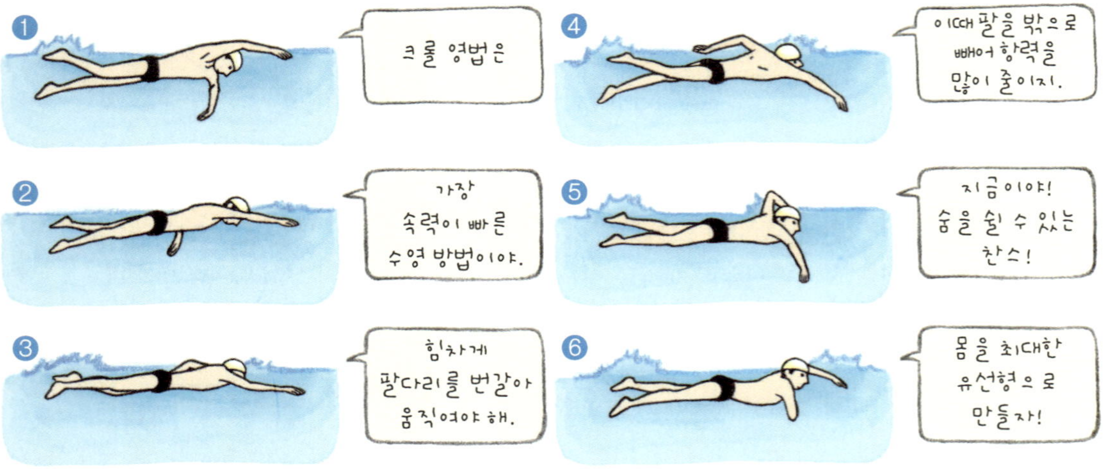

1
크롤 영법은
2
가장 속력이 빠른 수영 방법이야.
3
힘차게 팔다리를 번갈아 움직여야 해.
4
이때 팔을 밖으로 빼어 항력을 많이 줄이지.
5
지금이야! 숨을 쉴 수 있는 찬스!
6
몸을 최대한 유선형으로 만들자!

동작을 합한 영법입니다. 접영은 온몸을 쫙 펴서 물 위에 엎드린 채 팔과 다리의 동작을 오른쪽과 왼쪽, 동시에 하는 수영법이에요. 몸의 상체에 반동을 주어 앞으로 나아갈 수가 있지요. 접영은 크롤 영법 다음으로 빠른 속도를 낼 수 있는 수영 방법입니다.

팔 동작이 나비와 닮은 접영.

배영

배영은 등을 수면에 대고 누워서 앞으로 나아가는 영법입니다. 팔로는 양팔을 번갈아 돌리며 물을 밀치고, 발로는 물장구를 치며 나아갑니다. 다

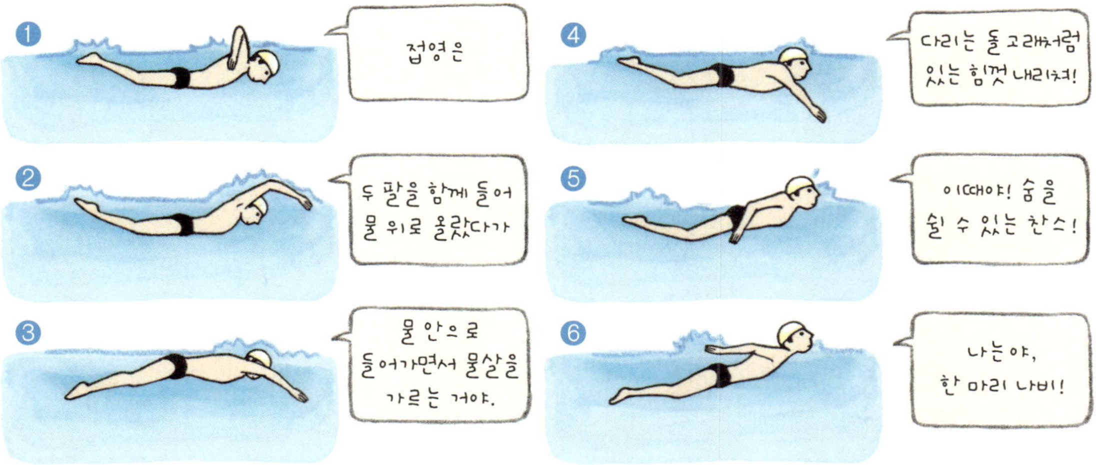

배영의 준비 자세.

른 영법들은 물 위에 엎드려 헤엄을 치지만, 배영은 반대로 물 위에 누워서 수영을 해요. 그래서 경기를 할 때에도 다른 경기는 물속에 뛰어들며 시작하지만, 배영은 물속에서 경기를 시작한답니다. 물속에서 경기장 한쪽에 붙은 막대를 붙잡고 출발 신호를 기다리지요. 이때 선수들은 최대한 몸을 벽 쪽으로 당겨서 웅크립니다. 출발 신호가 울리면 벽을 차면서 강하게 나아가기 위해서이지요.

배영을 할 때에는 얼굴이 물 밖에 나와 있기 때문에, 수영을 하는 도중에 숨을 쉬기 위해서 물 밖으로 얼굴을 내놓을 필요가 없습니다.

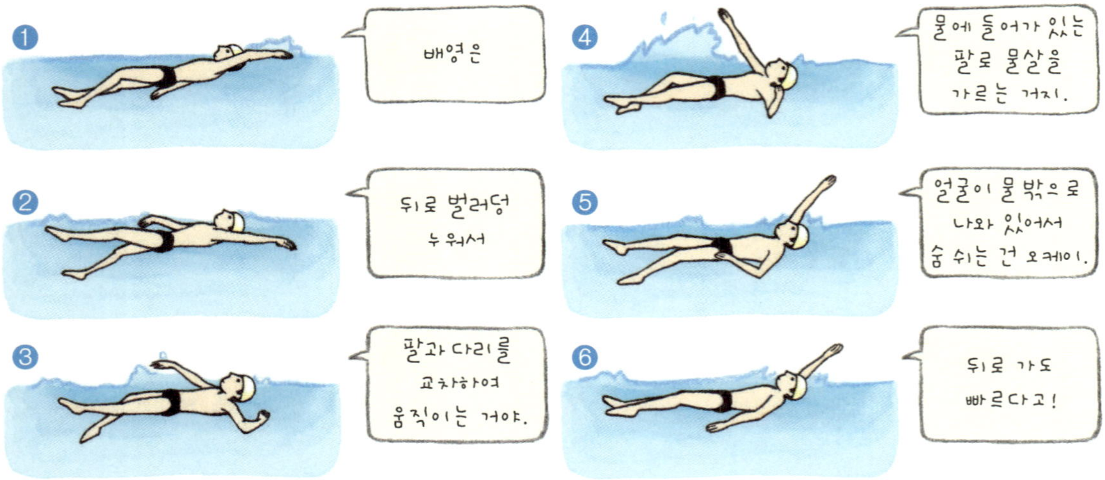

평영

평영.

평영은 수면에 엎드린 채 얼굴을 내놓고 수영을 하거나, 속력을 내기 위해 머리를 물속에 담근 채 수영하는 영법입니다. 팔다리는 둥글게 뻗어 움직이는 동작을 취하지요. 그 모습이 마치 개구리가 헤엄칠 때와 비슷하답니다. 수영을 하다가 얼굴을 내밀고 숨 쉴 수 있는 시간이 많은 편이고, 가장 안정적으로 헤엄칠 수 있어요. 그래서 처음 수영을 배우는 사람들은 크롤 영법이나 평영부터 배운답니다.

평영은 여러 영법 가운데 가장 힘이 덜 들어서 긴 거리를 편하게 수영할 때 많이 쓰입니다.

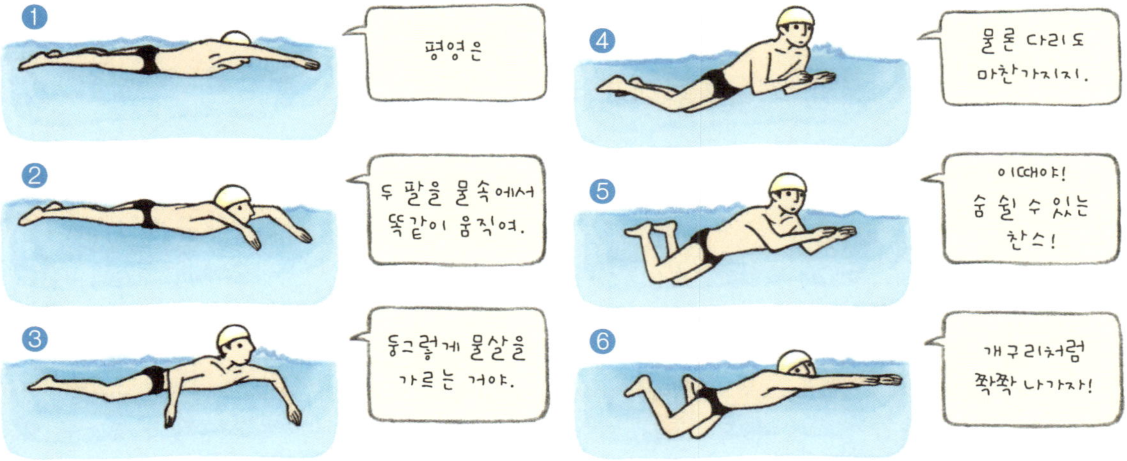
1
평영은
2
두 팔을 물속에서
똑같이 움직여.
3
둥그렇게 물살을
가르는 거야.
4
물론 다리도
마찬가지지.
5
이때야!
숨 쉴 수 있는
찬스!
6
개구리처럼
쫙쫙 나가자!

Q&A 꼭 알고 넘어가자!

문제 1 화물과 사람을 실은 커다란 배는 무척 무거운데도 물 위에 떠 있습니다. 어떤 원리 때문일까요?

문제 2 전신 수영복은 상어의 비늘 모양을 본떠서 만든 것입니다. 상어의 어떤 특징을 본떴을까요?

3. 크롤 영법으로 수영할 때 선수들은 몸을 매끈한 유선형으로 만들려고 노력합니다. 항력을 이겨 내기 위해서는 물고기를 닮은 유선형이 가장 좋기 때문이에요. 또 물속에서 한쪽 팔을 저어 물을 밀어 내는 동시에 다른 팔과 어깨는 물 밖으로 내놓아 물과 몸이 닿아 생기는 항력을 최대한 줄입니다.

문제 3 크롤 영법은 제일 빠른 수영 방법입니다. 빠른 속도를 내기 위한 크롤 영법의 특징은 무엇인가요?

정답

1. 배는 부력의 원리를 이용해 물 위에 떠 있습니다. 물속에 있는 물체는, 물체가 차지한 양만큼의 물이 지닌 힘을 받아서 위로 떠오릅니다. 이처럼 물은 물체를 밀어 내는 힘이 있는데, 이런 힘을 부력이라고 합니다. 배 역시 이런 부력의 원리를 이용하여 물 위에 뜰 수 있답니다.

2. 상어의 피부에는 작은 돌기들이 돋아 있습니다. 이 작은 돌기들이 물과 피부의 마찰에서 생기는 소용돌이를 밀어 내지요. 그러면 마찰이 줄어들어서 수영 속도를 높일 수 있습니다. 하지만 모든 선수가 공정한 조건에서 겨루도록 하기 위해 2010년 국제수영연맹이 이 전신 수영복을 금지했습니다.

관련 교과

초등 6학년 2학기 5. 연소와 소화
중학교 1학년 7. 힘과 운동
중학교 2학년 4. 소화와 순환
중학교 3학년 2. 일과 에너지

3. 육상

2011년 우리나라 대구에서 세계육상선수권대회가 열렸습니다. 세상에서 가장 빠른 사나이라고 불리는 자메이카의 우사인 볼트 선수도 한국에 왔어요. 사람들은 그가 어떤 경기를 펼칠지 무척 기대했답니다. 많은 이들의 기대를 한 몸에 받은 우사인 볼트의 육상 경기에도 과학이 숨어 있습니다. 육상에는 어떤 과학 원리가 숨어 있는지 알아볼까요?

출발이 중요해요

육상 경기에서 출발 신호인 총소리가 울리기 전까지 경기장 안은 매우 조용하다.

운동회 날 100m 달리기를 해 본 적이 있나요? 출발선에 서서 총소리가 울릴 때까지 기다리다 보면 가슴이 조마조마하지요. 경기를 보는 사람들도 총소리가 울리기 전까지 매우 조용합니다. 이런 분위기는 국가대표 육상 선수들의 경기에서도 마찬가지예요.

경기가 시작되기 바로 직전, 육상 선수들은 허리를 굽히고, 손을 땅에 짚고, 다리는 쭉 편 채로 출발 신호를 기다립니다. 숨 쉬는 것조차 멈춘 듯이 무척 긴장한 모습으로요. 이러한 출발 자세를 크라우칭 스타트라고 합니다. 크라우칭 스타트는 심판의 구령인 '제자리에, 차려, 출발!', 이렇게 3단계로 이루어집니다.

크라우칭 스타트

크라우칭 스타트는 주로 단거리 달리기에서 쓰이는 출발 방법입니다. 단거리 육상 경기에서는 출발 속력을 높여서 최대한 빨리 달려 최고 속력으로 결승선에 도착하는 것이 중요해요. 물론 결승선에 도착할 때까지 최대 속력을 계속 유지해야 합니다. 그래서 출발하는 순간의 0.01초가 무척 중요하답니다.

크라우칭 스타트 자세로 출발 신호를 기다리는 선수.

처음 크라우칭 스타트가 소개되었을 때에는 출발하는 곳에 구멍을 팠습니다. 구멍에 발을 딛고 출발하기 위해서이지요. 구멍을 파지 않으면 발이 뒤로 밀려서 출발할 때 힘을 잃습니다. 판 구멍에 발을 딛어야 구멍이 발을 밀어 주는 힘을 받고 출발할 수 있습니다.

작용-반작용의 법칙

크라우칭 스타트의 원리는 작용-반작용의 법칙입니다. 작용-반작용의 법칙은 어떤 물체가 다른 물체에게 힘을 가하면(작용) 다른 물체 역시 그 물체에게 똑같이 힘을 가한다(반작용)는 법칙입니다. 크라우칭 스타트로 이야기하면, 선수가 힘을 준 만큼 땅이 선수를 미는 것이지요. 받쳐 주는 구멍이 없을 때에는 선수가 힘을 준 만큼 발이 뒤로 밀립니다. 구멍에 대고 안정적으로 발을 디디면 선수의 힘을 받은 만큼 단단한 땅이 선수를 밀어 줍니다. 이런 원리를 이용해서 크라우칭 스타트를 할 때 출발 속력을 더 높여 주는 보조 기구도 발명되었습니다.

작용-반작용의 법칙을 찾아볼 수 있는 또 다른 운동 경기가 있습니다.

작용-반작용의 법칙을 활용한 조정 경기.

조정 경기입니다. 조정 경기는 물 위에서 작은 배를 타고 힘껏 노를 저어 앞으로 나아가는 경기입니다. 선수가 노로 물을 밀어 내면(작용), 물이 배를 앞으로 밀어 주어(반작용) 나아갈 수가 있어요. 노는 물을 밀고, 물은 노를 미는 거예요.

바닷속에서도 작용-반작용의 법칙을 찾아볼까요?

오징어가 어떻게 헤엄치는지 알고 있나요? 오징어는 몸 안에 물을 모았다가 그 물을 한꺼번에 내뿜으면서, 물이 내뿜는 힘(작용)에 대한 반작용으로 나아갑니다. 물이 오징어를 밀어 주는 것이지요. 로켓도 오징어가 헤엄치는 것과 똑같은 원리로 출발합니다. 로켓은 많은 연료를 한꺼번에 태워서 땅에 엄청난 힘을 주고, 그 힘의 반작용으로 땅은 로켓을 밀어 냅니다.

여러분도 작용-반작용의 법칙을 잘 기억하고 있으면 달리기할 때 출발하는 기본 자세에 좀 더 신경을 쓰게 될 거예요.

TIP 요건 몰랐지?

스타팅 블록

단거리 달리기 선수들은 더 빨리 출발하기 위해 땅을 파고 발을 딛는 방법을 쓰기 시작했지만 땅을 팔 수 없는 경기장도 있었습니다. 대안으로 바닥에 발이 걸릴 수 있는 기구를 놓고 출발할 수밖에 없었지요. 이것이 점점 더 발전하여 스타팅 블록이 되었습니다.

1929년부터 쓰인 스타팅 블록을 처음 사용한 사람은 미국의 오하이오 주립 대학교의 조지 심프슨입니다. 육상 선수였던 심프슨은 코치인 딘 크롬웰이 나무로 만든 스타팅 블록을 사용해서 100야드(약 91.44m)에 9초 4라는 세계 신기록을 세웠어요. 그 이후에 기술이 더 발전하면서 철로 만든 스타팅 블록이 널리 퍼지게 되었습니다. 1948년 런던 올림픽부터는 스타팅 블록이 정식 육상 기구로 쓰이기 시작했어요. 스타팅 블록은 날이 갈수록 발전하여 2004년 아테네 올림픽에서는 부정 출발 감지기가 장착된 것이 쓰이기도 했습니다. 부정 출발 감지기가 설치된 스타팅 블록은 총소리가 나기 전에 스타팅 블록에서 선수의 발이 떨어지면 부정 출발을 표시해 줍니다.

육상 선수가 스타팅 블록에 발을 대고 출발 신호를 기다리고 있다.

바람이 중요해요

육상 경기를 할 때 바람이 어디에서 얼마나 부는지에 따라 경기의 결과가 달라질 수 있습니다. 그래서 선수들은 경기를 하기 전에 바람이 언제 어떻게 불지 확인해야 한답니다. 그렇게 해야 혹시라도 바람 때문에 입을 피해를 줄일 수 있거든요. 어떤 바람이 육상에 어떤 영향을 끼치는지 궁금하지요? 함께 알아보아요.

뒤에서 부는 바람

육상 경기 중에 바람이 세게 불어서 선수의 기록을 인정하지 않은 사건이 있었습니다. 바로 1998년 모리스 그린이라는 선수의 이야기예요. 인간 탄환이라고 불리는 모리스 선수는 100m 경기에서 9초79로 세계 신기록을 세웠지만 인정받지 못했습니다. 뒤에서 초속 2.9m의 바람이 불었기 때문이지요.

육상 경기에서는 뒤에서 부는 바람이 경기에 영향을 끼칠 수 있어요. 그래서 바람에 대한 규정을 두고 있답니다. 뒤에서 부는 바람의 속도가 1초당 2m 이내여야만 기록을 인정해 주지요. 초속 2m보다 더 거센 바람이 불면 공식 기록으로 인정하지 않는답니

모리스 그린
Maurice Greene, 1974~

미국의 단거리 육상 선수이며, 세 개의 세계육상선수권대회(1997년, 1999년, 2001년) 남자 100m에서 1등을 했습니다. 또한 2000년 시드니 올림픽에서 두 개의 금메달(100m, 400m 계주)을 획득했어요.

다. 바람이 선수가 더 빠른 기록을 낼 수 있게 도와주었다고 보거든요. 모리스 선수가 뛰어가는 방향으로 1초당 2.9m 세기의 바람이 불었으니 바람이 모리스 선수의 뒤를 밀어 주었다고 판단한 것입니다. 그래서 안타깝게도 모리스 선수의 기록은 세계 기록으로 인정되지 못했습니다.

만약에 바람이 선수가 달리는 반대 방향으로 분다면 선수의 기록에 어떤 영향을 미칠까요? 선수가 바람을 마주하며 달려야 하기 때문에 원래 실력보다 빠르게 달릴 수 없을 것입니다.

그 밖에 바람의 영향을 받는 경기

육상 외에도 바람의 영향을 받는 경기가 있습니다. 바람에 가장 민감한 영향을 받는 경기는 양궁입니다. 양궁 경기는 아무리 정확하게 조준해서 화살을 쏘았다 하더라도, 화살이 날아가는 동안 바람의 영향을 받아서 엉뚱한 곳에 꽂힐 수가 있습니다. 그래서 화살을 쏘기 전에 주변에 바람이 부는지 확인하고, 그 바람에 따라 화살이 밀릴 것을 예상한 다음에 조준해야 합니다.

바람의 영향을 받는 양궁.
ⓒ Bourdaire@the Wikimedia Commons

골프 경기도 마찬가지예요. 골프공도 바람에 따라 날아가는 방향이 바뀝니다. 그래서 바람이 끼칠 영향을 예상하고 공을 쳐야 한답니다.

야구 경기에서 투수가 공을 던질 때에도 바람의 영향을 받습니다. 투수들이 간혹 공이 느리고 회전하지 않은 채 날아가도록 던질 때가 있습니다. 보통 빠르게 회전하며 날아가는 공은 그 힘 때문에 바람의 영향을 덜 받지만 회전하지도 않고 느리게 날아가는 공은 바람의 영향을 많이 받게 마련입니다. 바람의 영향으로 공의 방향이 어떻게 변할지 가늠하기 어려워지지요. 그래서 타자들은 빠르게 회전하며 날아오는 공보다 회전하지 않은 채 느리게 날아오는 공을 더 치기 어려워합니다. 설령 그 공을 친다 해도 빠르게 날아온 공을 쳤을 때보다 멀리 날릴 수 없습니다. 공의 운동량이 작기 때문이지요.

빨리 악당을 잡으러
가야 하는데, 바람이 거꾸로
불어서 날아가기 힘드네.

몸집과 달리기

달리기에 따라 선수의 몸집이 달라요

육상 경기에는 여러 종목이 있습니다. 단거리 경기인 100m 달리기부터 무려 42.195km를 달리는 마라톤 경기까지 아주 다양하지요. 그런데 자세히 보면 100m를 잘 달리는 선수와 마라톤을 잘하는 선수는 몸집에서 굉장히 큰 차이가 난답니다. 100m 달리기 선수들은 울퉁불퉁 근육질 몸매에 몸집도 굉장히 큽니다. 하지만 마라톤 선수들은 몸집도 작고 겉으로 보기에는 근육도 많지 않아요. 같은 달리기 종목인데 왜 이런 신체 차이가 있을까요?

◀ 100m 달리기 선수. ⓒ Alvin Loke@the Wikimedia Commons
▶ 마라톤 선수. ⓒ Chris Brown@the Wikimedia Commons

빨리 달릴 때 쓰는 근육

100m 달리기는 아주 짧은 시간에 빠른 속력을 내야 하는 경기입니다. 단거리 달리기 선수들은 짧은 시간 동안 최대한 큰 힘을 내서 달려야 하지요. 이때 쓰는 근육은 힘이 센 속근섬유입니다.

속근섬유는 신경세포의 수가 많기 때문에 근육이 빠르게 움직여서 짧은 시간 안에 큰 힘을 낼 수 있어요. 이 때문에 단거리 달리기 선수들은 주로 속근섬유를 발달시키기 위한 훈련을 합니다. 하지만 오랫동안 속근섬유를 쓰면 쉽게 피곤해질 수 있습니다. 그러므로 근육을 많이 쓴 다음에는 충분히 휴식

신경세포

신경계의 단위로 자극과 흥분을 전달합니다. 다른 말로 뉴런이라고도 해요. 자극을 받았을 경우 전기를 발생시켜 다른 세포에 전달하는 것이 신경세포의 기본 역할이에요.

을 취해야 한답니다.

닭튀김을 먹을 때 속이 하얀 가슴살도 이런 속근섬유입니다. 닭의 가슴살 또한 닭이 날갯짓을 할 때 짧은 시간 동안 많은 힘을 쏟기 때문입니다.

오래 달릴 때 쓰는 근육

42.195km라는 긴 거리를 달려야 하는 마라톤 선수는 어떤 근육을 쓸까요? 마라톤 선수는 100m 선수들이 달리는 거리와 비교해 보면 무려 4,219배나 더 달려야 합니다. 이렇게 긴 거리를 달려야 하는 선수들이 쓰는 근육은 따로 있답니다. 바로 지근섬유라는 근육입니다.

지근섬유는 힘이 강하지는 않지만, 오랫동안 운동을 해도 피곤함을 덜 느낀다는 특징이 있습니다. 따라서 긴 거리를 오랫동안 달려야 하는 마라

톤 선수들은 지근섬유가 발달하는 훈련을 해야 합니다.

지근섬유 또한 닭고기에서 찾아볼 수 있어요. 닭고기를 먹을 때 붉은색을 띠는 살코기인 닭다리 부분이 지근섬유입니다. 닭도 마라톤 선수처럼 오랫동안 서 있고 걷기 때문에 지근섬유가 발달해 있습니다.

닭도 오랫동안 서 있기 때문에 지근섬유가 발달했다.

TIP 요건 몰랐지?

단거리 경기를 잘하는 인종

100m 결승선에 흑인 선수들이 차례대로 들어오고 있다.

올림픽 대회의 단거리 경기인 100m 달리기나 200m 달리기의 결승전을 보면 흑인 선수들이 많습니다. 또 1, 2, 3위를 차지하는 선수들 역시 대부분이 흑인 선수들이지요. 이렇게 흑인 선수들이 단거리 경기를 잘하는 데에는 이유가 있습니다. 흑인은 유전적으로 달리기를 잘할 수 있는 신체 구조를 가지고 있기 때문이에요.

흑인의 몸에는 단거리 달리기에는 필요 없는 피하 지방은 적고, 단거리 달리기에 필요한 근육의 양이 많습니다. 특히, 단거리 달리기에서 가장 중요한 근육은 허벅지 뒤에서 엉덩이로 이어지는 근육이에요. 이 부분의 근육이 순간적으로 강력하게 힘을 발휘한다고 해서 파워 존이라고 부르지요. 흑인들은 다른 인종에 비해 파워 존이 아주 많이 발달되어 있습니다. 또 흑인의 몸은 단거리 달리기에 유리한 속근섬유가 발달되어 있습니다. 흑인 선수가 단거리 달리기를 잘할 수밖에 없겠지요?

속근섬유가 발달한 흑인은 지근섬유가 필요한 장거리 달리기에는 불리합니다. 이 때문에 단거리 달리기 선수가 마라톤 경기에서 좋은 성적을 낼 수 없지요. 하지만 지금은 충분한 훈련과 연습을 통해 흑인 선수도 장거리 경기에서 좋은 성적을 내고 있습니다.

운동화 속에 숨은 과학

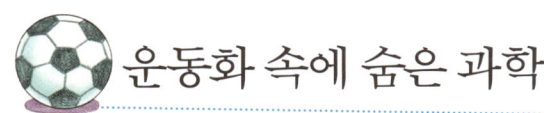

여러분은 달리기 시합 전에 어떤 준비를 하나요? 달리다가 운동화가 벗겨지지 않도록 운동화 끈을 꽉 조여 매는 친구도 있고, 신발이 거추장스럽다며 아예 맨발로 뛸 준비를 하는 친구도 있습니다. 신발을 신고 뛰는 것과 맨발로 뛰는 것 중 어느 쪽이 더 잘 뛰는 데 도움이 될까요?

1960년 로마 올림픽의 마라톤 경기에서 에티오피아 선수인 아베베 비킬라라는 선수는 42.195㎞를 맨발로 달려서 세계 신기록을 세웠습니다. 2시간 15분 16.2초의 기록이었어요. 긴 거리를 오랫동안 달려야 한다면 신발

마라톤화. ⓒ Josiah Mackenzie@flickr.com

의 무게도 감당하기가 힘들었겠지요? 하지만 요즈음에 맨발로 뛰는 마라톤 선수들은 없답니다.

마라톤 경기에서 운동화는 어떤 역할을 할까요? 선수들이 달리기를 할 때 발에 전달되는 충격은 어마어마합니다. 만약에 맨발로 달리기를 한다면 그 충격은 고스란히 발로 전달될 거예요. 그렇다고 무거운 신발을 신고 달리면 그 역시 선수들의 체력을 소모시킵니다. 그래서 과학자들은 선수들의 발과 다리를 보호하기 위하여 땀을 잘 내보내고 발이 받을 충격을 여러 곳으로 나뉘게 하며, 무게도 적게 나가는 마라톤화를 개발하기 위해서 노력하고 있어요. 일반적으로 발이 편하도록 만든 구두의 무게는 400~500g이지만, 현재 마라톤화의 무게는 110g까지 줄어들었답니다.

우리나라의 이봉주 선수가 신었던 마라톤화는 한 폴리에스테르 소재를 이중으로 사용해서 발의 온도를 쉽게 조절할 수 있도록 했어요. 마라톤 선수들은 경기할 때 신발 안의 온도가 43~44℃, 습도는 95%까지 올라가 땀이 차는데, 이 소재는 많은 양의 공기를 품고 있다가 내뿜는 특징이 있어요. 이 마라톤화는 땀을 내보내면서 신발 안의 온도를 38℃까지 낮출 수 있답니다.

마라톤으로 건강을 지켜요

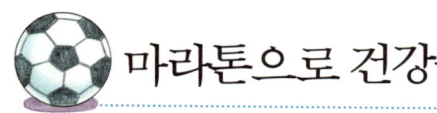

몸속에 어느 정도 지방이 있으면 몸을 따뜻하게 보호해 줍니다. 하지만 너무 많이 쌓이면 오히려 건강을 해쳐요. 그래서 몸에 필요 이상으로 지방이 많이 쌓여 살이 쪘을 때에는 음식을 조절하거나 운동을 해서 체중을 조절해야 합니다.

우리는 음식물을 통해 주로 탄수화물, 단백질, 지방과 같은 3대 영양소를 섭취합니다. 탄수화물과 지방은 몸에서 에너지를 내는 데 쓰이지요. 하지만 이 영양소들을 너무 많이 섭취했을 때에는 쓰고 남은 양이 몸에 쌓입니다. 근육을 만드는 데 쓰이는 단백질도 너무 많이 먹으면 남은 양이 몸에 저장되어요. 특히 지방은 탄수화물과 똑같은 양이어도 두 배나 많은 에너지를 만들 수 있어요. 따라서 지방을 소비하려면 탄수화물을 소비할 때보다 두 배나 더 많이 움직여야 합니다. 그렇지 않으면 몸에 지방이 많이 쌓여 비만이 되고 맙니다. 탄수화물이든 단백질이든 지방이든 몸에 필요한 만큼만 적당히 섭취하는 것이 건강을 유지하는 데에 중요합니다.

이미 몸에 지방이 많이 쌓였을 때에는 어떻게 해야 할까요? 운동을 해서 에너지를 소비하면 됩니다. 하지만 모든 운동이 몸속에 쌓인 지방 성분을

소비

돈이나 시간, 노력 등을 들이거나 써서 없애는 것을 말합니다. 지방을 소비한다는 것은 지방을 써서 없앤다는 뜻이에요.

없앨 수는 없답니다. 그렇다면 우리 몸에 쌓인 지방을 없애기 위해서는 어떤 운동을 해야 할까요?

무산소 운동

무산소 운동은 산소를 사용하지 않는 운동을 말합니다. 처음에 근육을 사용할 때에는 몸속에 이미 저장된 물질을 사용해서 짧은 시간 동안 에너지를 만들어 내지요. 그런데 이 물질로는 30초밖에 에너지를 만들어 낼 수 없습니다. 그 이후에 에너지를 만들어 내려면 산소가 필요해요.

이처럼 빠른 시간 안에 에너지를 만들어 낼 때, 우리 몸에서는 산소를 쓰지 않고 에너지를 만들어 내는 방법을 사용합니다. 이때에는 속근섬유가

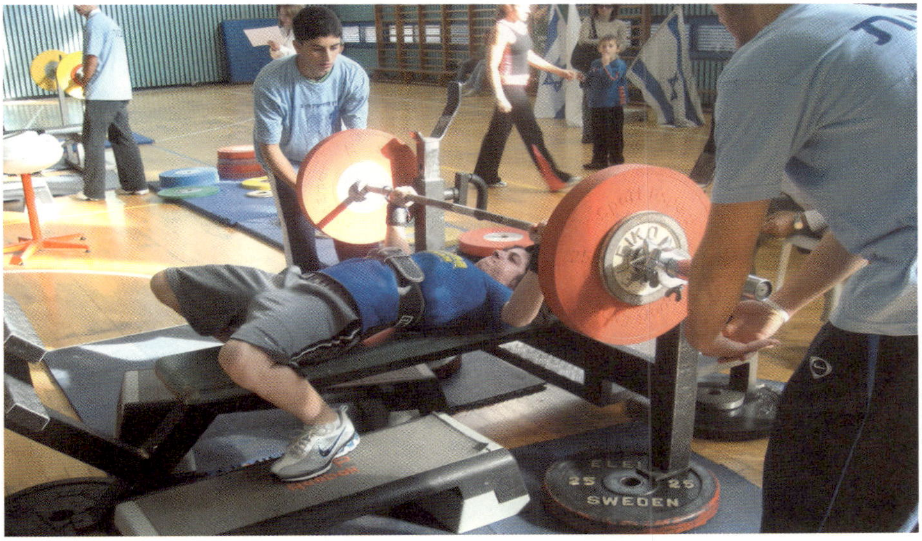

무산소 운동. ⓒ Al dayan@the Wikimedia Commons

많이 쓰여요. 지근섬유도 무산소 운동에 쓰일 수 있지만, 주로 속근섬유에서 무산소 운동이 많이 이루어집니다. 그러나 이 방법은 한계가 있습니다. 짧은 시간 동안 많은 에너지를 낼 수 있기는 하지만 젖산이라는 물질이 생긴다는 단점이 있어요. 젖산은 근육을 피로하게 만드는 물질입니다. 젖산이 많아지면 근육의 능력은 점점 낮아져서 오랫동안 운동을 할 수 없게 됩니다. 단거리 달리기를 하고 나서 숨을 헐떡거리게 되는 이유도 바로 이 젖산이 많이 생겼기 때문이에요.

이렇게 짧은 시간 동안 에너지를 만들어 내는 운동은 산소를 사용하지 않은 채 이루어지기 때문에, 산소를 사용해서 지방을 태우는 데에는 효과가 없습니다. 하지만 무산소 운동을 많이 하면 우리 몸의 근육은 더욱 튼튼해진답니다.

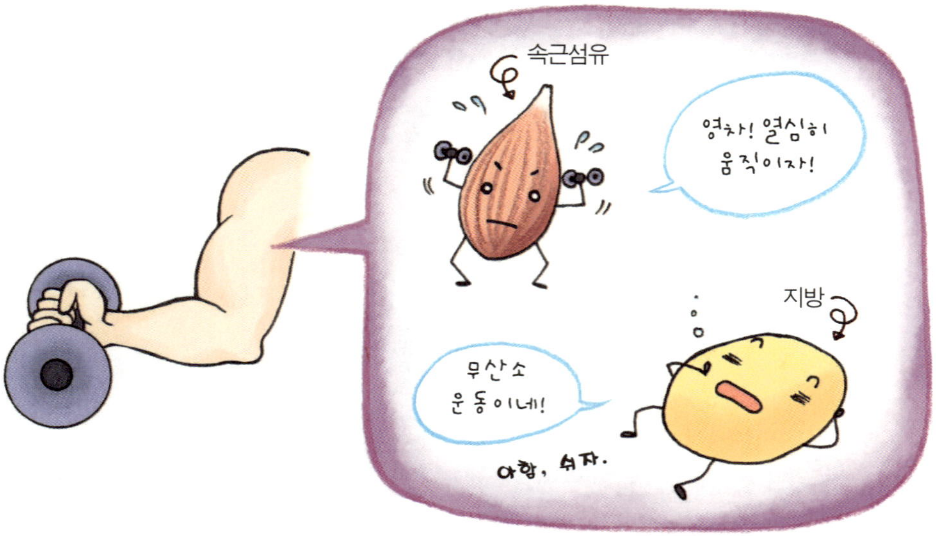

유산소 운동

체중을 조절할 때 효과적인 운동은 유산소 운동입니다. 유산소 운동은 무산소 운동과 달리 산소가 필요하지요.

헬스클럽에서 러닝머신에 올라가 열심히 뛰는 사람들의 모습을 본 적이 있나요? 살을 빼기 위해 헬스클럽을 찾은 사람들이 가장 많이 하는 운동이 바로 러닝머신 위에서 빠르게 걷기, 혹은 천천히 달리기입니다. 빠르게 걷기, 천천히 달리기는 대표적인 유산소 운동이에요. 신 나는 음악에 맞추어서 몸을 흔드는 에어로빅도 유산소 운동에 포함됩니다.

유산소 운동은 산소가 몸속에 저장된 영양소들을 태우면서 에너지를 내는 운동입니다. 따라서 유산소 운동을 오래할수록 몸속에 저장되어 있던 지방들을 없앨 수가 있어요. 산소를 사용해서 움직이면 몸속의 근육은 피로를 덜 느끼게 되어 오랫동안 운동할 수 있답니다.

산소가 필요한 유산소 운동은 주로 지근섬유에서 많이 일어납니다. 지근섬유 속에는 산소와 몸속의 영양분을 이용해서 에너지를 만들어 내는 기관인 미토콘드리아가 많이 들어 있기 때문이지요. 운동을 하느라 에너지를 소비하면, 미토콘드리아에서는 산소와 영양분을 이용해 에너지들을 많이 만들어 냅니다. 그 결과 몸속에 저장되어 있던 지방들을 쓰게 되어 살을 뺄 수 있답니다.

유산소 운동.
ⓒ Wolfgang1018@the Wikimedia Commons

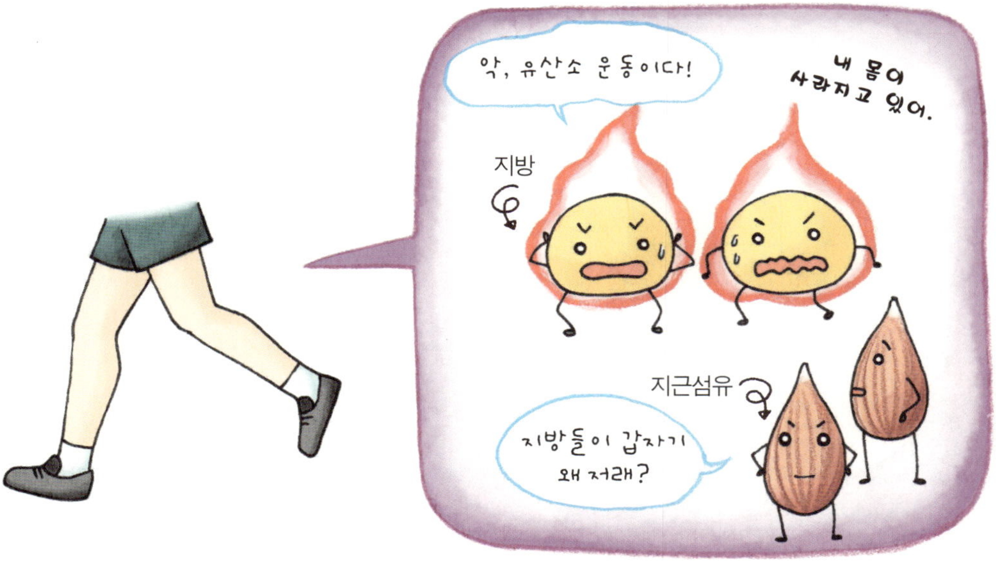

Q&A 꼭 알고 넘어가자!

문제 1 육상 경기에 사용되는 스타팅 블록에는 과학의 어떤 법칙이 적용되었을까요?

문제 2 육상 경기에서는 선수가 달리는 방향으로 초속 2m보다 센 바람이 불면 경기 결과를 공식 기록으로 인정하지 않습니다. 이유가 무엇일까요?

3. 빨리 달릴 때와 오래 달릴 때 쓰는 근육이 다르기 때문입니다. 단거리 달리기는 짧은 시간 안에 최대한 큰 힘을 내서 달려야 합니다. 그래서 힘이 센 '속근섬유'라는 근육을 써요. 그에 반하여 마라톤은 오랫동안 뛰어야 하므로 긴 시간 동안 운동을 해도 덜 피곤하게 해 주는 '지근섬유'라는 근육을 쓴답니다.

4. 지방을 없애서 체중을 조절하기 위해서는 유산소 운동을 해야 합니다. 유산소 운동은 산소가 몸속에 저장된 영양소들을 태우면서 에너지를 내는 운동이라서 몸속에 저장되어 있던 지방들을 없앨 수가 있어요. 또 유산소 운동은 주로 지근섬유에서 일어나는데, 지근섬유에는 산소와 몸속의 영양분을 이용해서 에너지를 만드는 미토콘드리아가 많이 들어 있기 때문에 유산소 운동을 하면 지방이 소비됩니다.

문제 3 단거리 달리기 선수들은 몸집이 크고 근육질 몸매입니다. 마라톤 선수들은 몸집도 작고 근육도 적어 보입니다. 그 이유는 무엇인가요?

문제 4 모든 운동이 체중을 줄이는 데 도움을 주지는 않습니다. 어떤 운동을 해야 할까요?

정답

1. 스타팅 블록은 작용-반작용의 법칙에 의한 것입니다. 작용-반작용의 법칙은 어떤 물체가 다른 물체에게 힘을 가하면 다른 물체 역시 힘을 준 물체에 똑같이 힘을 가한다는 법칙이에요. 선수가 출발하면서 스타팅 블록에 작용하면, 스타팅 블록 역시 선수의 발에 반작용을 합니다.

2. 바람이 경기에 영향을 끼치기 때문입니다. 만약 선수의 뒤에서 바람이 불면 바람이 선수가 더 빠른 기록을 낼 수 있게 도와준 것으로 판단해 공식 기록으로 인정하지 않습니다.

관련 교과

초등 6학년 2학기 **6. 편리한 도구**
중학교 1학년 **7. 힘과 운동**
중학교 3학년 **2. 일과 에너지**

4. 공의 과학

운동 경기에는 공으로 하는 것이 많습니다. 큰 공을 손으로 튕기는 농구, 발로 공을 차며 넓은 잔디밭을 뛰어다니는 축구, 작은 공을 방망이로 치며 달리는 야구, 팅팅 튀는 작은 공을 채로 치며 주고받는 테니스 등이 있어요. 그런데 왜 운동 경기마다 사용하는 공이 다를까요? 또 그 공에는 어떤 과학적 비밀이 숨어 있을까요?

축구공 속에 숨은 과학

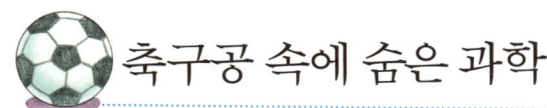

여러분이 본 축구공은 어떤 모양인가요? 둥근 모양을 하고 있지만 완벽하게 둥근 모양이라고 할 수는 없지요? 축구공을 자세히 들여다보면 축구공은 육각형 모양과 오각형 모양의 가죽을 연결하여 만들어졌습니다. 기본적인 축구공은 정육각형 모양의 가죽 20개와 정오각형 모양의 가죽 12개를 이어서 만든 32조각의 가죽으로 연결된 것이지요. 그 외에도 12조각, 18조각, 48조각의 가죽으로 만들어진 다양한 축구공도 있습니다. 그중에서 32조각으로 이루어진 축구공이 가장 널리 쓰이고 있어요.

월드컵 축구공의 역사

1970년 멕시코 월드컵에서 처음으로 텔스타라는 가죽공이 월드컵 공으로 공식 인정되었습니다. 하지만 이 공은 방수 처리가 되어 있지 않아서 비가 올 때에는 가죽이 물에 젖어 공이 무거워지는 단점이 있었어요. 그래서 1982년 스페인 월드컵에 쓰였던 탱고 에스파냐라는 공은 가죽 조각 사이에 방수 처리를 해서 비에 젖지 않도록 만들었습니다.

그 이후에 축구공들은 탄성을 키워서 점점 더 속도를 높이는 쪽으로 개발되었어요. 축구 경기를 할 때 축구공의 탄성이 좋지 않으면 공이 멀리까지 가지 못하기 때문에 골대에 골을 넣기 어려워집니다. 또 탄성이 약한 축구공을 발로 힘껏 차면 발에 충격이 그대로 전해져요. 그에 비해 탄성이 좋은 축구공은 선수의 발이 공에 정확하게 맞았을 때 튕겨 나가는 힘이 강해서 발을 보호할 수 있습니다.

1970년 멕시코 월드컵에서 쓰인 텔스타 축구공.

1986년 멕시코 올림픽에서는 인조 가죽으로 만든 축구공이 등장했습니다. 축구공이 완벽한 방수 기능을 하도록 천연 가죽 대신에 인조 가죽을 사용하기 시작한 것입니다. 그 후에도 인조 가죽을 사용한 축구공을 쓰며 더 많은 기능을 더하기 시작했어요. 1994년 미국 월드컵에서

1994년 미국 월드컵에서 쓰인 퀘스트라 축구공.

쓰인 퀘스트라 축구공의 가죽에는 공기층을 넣어서 공이 힘을 받았을 때 튕겨 나갈 수 있는 힘인 반발력을 높였습니다. 그래서 이 공은 원래의 축구공에 비해 반발력, 회전력, 탄력, 통제 능력이 더 좋아졌답니다. 회전력이란 공이 회전할 수 있게 하는 힘을 뜻하며, 통제 능력이란 공의 방향을 마음대로 조정할 수 있는 능력을 말합니다.

TIP 요건 몰랐지?

회전하는 축구공

1997년 6월, 브라질과 프랑스의 프레 월드컵 개막전에서 브라질의 호베르투 카를루스가 환상적인 프리킥을 선보였습니다. 호베르투 카를루스는 골대에서 30m나 떨어진 곳에서 벽을 만들고 있던 프랑스 선수들을 피해 공이 골문 바깥으로 빠지는 것처럼 나아갔어요. 그러다 갑자기 방향을 꺾어서 골문 안으로 빨려 들어가게 공을 찼습니다. 모든 사람이 환호할 만큼 환상적인 골이었어요. 호베르투 카를루스가 이런 멋진 골을 보여 줄 수 있었던 데에는 그의 뛰어난 실력뿐만 아니라 회전력이 좋은 축구공도 큰 도움이 되었습니다.

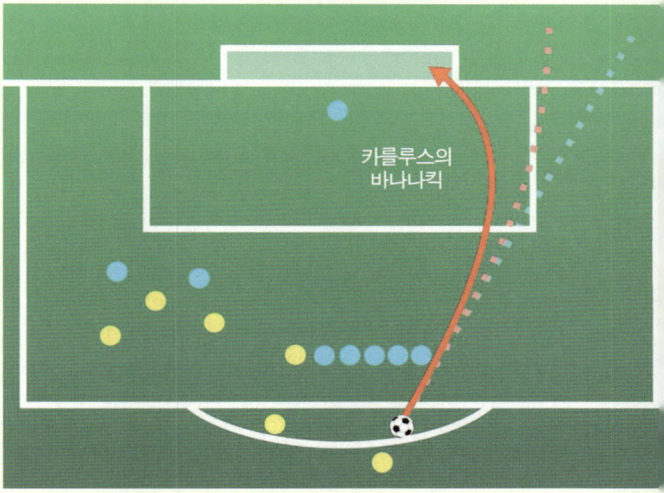

카를루스가 선보였던 바나나킥의 경로.

카를루스가 찬 축구공은 시속 135㎞ 이상의 빠른 속도에 초당 10회 정도 회전하면서 날아갔어요. 날아가는 축구공 주위에는 두 종류의 공기의 흐름이 생깁니다. 회전하는 쪽의 공기는 빨라지고, 다른 쪽은 공기가 느려져요. 이때 축구공은 공기가 빨리 흐르는 쪽의 힘을 받아서 공기가 느리게 흘러가는 쪽으로 방향을 틀게 됩니다. 카를루스가 찬 프리킥은 이런 원리로 공을 감아 차는 듯한 멋진 바나나킥으로 탄생한 것입니다.

골프공의 비밀

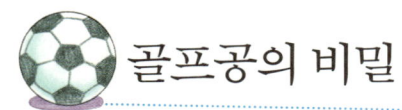

골프는 장비가 무척 비싸고 골프장도 많지 않아서 제대로 골프를 즐기려면 해외에 나가야 하던 때가 있었습니다. 그래서 골프는 부자들만 하는 운동으로 여겨졌어요. 하지만 1997년 10월에 미국 여자프로골프협회 프로테스트에서 대한민국의 박세리 선수가 1위를 하자, 골프에 대한 국민의 관심이 높아졌습니다. 골프장도 많이 들어서고요. 그래서 이제는 많은 사람이 골프를 즐기게 되었습니다.

골프는 작고 단단한 공을 사용합니다. 이 작은 골프공 안에 많은 과학적 비밀이 숨어 있습니다. 어떤 비밀이 있는지 한번 알아볼까요?

골프공의 역사

골프공은 15세기 영국에서 처음 만들었습니다. 그 당시 골프공은 말과 같은 동물의 가죽에 닭 털이나 거위 털로 속을 채워 꿰매어 만들었어요. 골프를 하려면 공이 어느 정도 단단해야 했기 때문에 깃털을 꽉꽉 채워 넣어야 했습니다. 작은 공 하나를 만드는 데에도 많은 양의 깃털이 필요했지요.

1845년부터는 천연 나무 수액을 틀에 넣어서 굳힌 구타페르카라는 공을 만들었어요. 이 공은 깃털을 구겨 넣은 골프공보다 더 멀리 날아가고, 더 오랫동안 사용할 수 있었지요.

골프공을 점점 더 발전시키면서 가장 주목했던 점은 탄성입니다. 골프공의 탄성이 좋으면 채에 맞았을 때 반발하는 힘이 강해져서 더 멀리 날아갈 수 있기 때문이에요. 골프공은 발전에 발전을 거듭했고, 현재 전보다 더 탄성이 좋은 공들이 나오고 있습니다. 예전에는 고무 한 겹으로 이루어졌던 공들이 최근에는 탄성을 높이는 합성 커버를 한 겹, 두 겹으로 덧씌워 여러 종류로 만들어지고 있습니다.

특별한 골프공

공을 쓰는 다른 운동 경기와 골프를 비교해 보면 골프공만 가진 특별한 점을 발견할 수 있어요. 바로 골프공 표면에 움푹 파인 자국입니다.

처음 골프공을 만들었던 당시에는 다른 공들처럼 파인 자국이 없었습니다. 하지만 공을 사용하면서 점차 파인 흔적이 생기고, 파인 흔적이 있는 공이 더 멀리 날아간다는 사실을 깨닫게 되었어요. 그 뒤로 사람들은 일부러 새 공에 자국을 새겼습니다.

표면이 파여 있는 골프공.

왜 파인 자국이 있는 공이 더 멀리 날아갈까요? 표면이 매끄러운 공보다 파인 자국이 있는 공의 표면에서 공기가 더 오래 머물 수 있기 때문입니다. 공기가 공의 표면에 오래 머물수록 공이 날아가면서 공의 뒤쪽에서 생기는 소용돌이의 크기를 줄여 줍니다. 따라서 공기와의 저항이 줄어들고, 공기가 공을 받쳐 주는 양력이 커져서 공이 공중에 머물 수 있는 시간이 늘어나요. 공중에 머무는 시간이 길어질수록 공은 더 멀리 날아갈 수 있습니다.

양력

운동하는 물체의 진행 방향과 수직으로 작용하는 힘을 말합니다. 이 힘은 높은 압력에서 낮은 압력 쪽으로 생기며, 물체를 밀어 내려는 힘에 대한 반작용이에요. 예를 들면, 비행기는 날개에서 생기는 양력 덕분에 하늘을 날 수 있습니다.

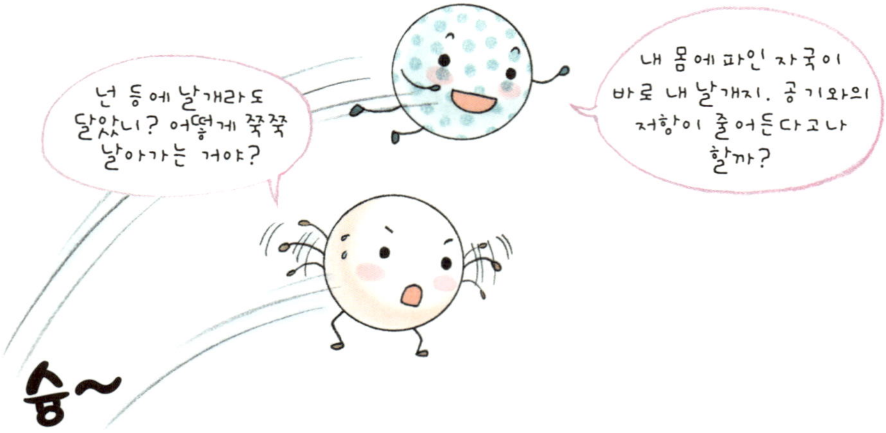

농구공에 숨은 과학

농구는 길이 28m, 너비 15m의 작은 경기장 안에서 쉴 새 없이 움직이며 상대팀의 골대에 공을 넣는 운동 경기입니다. 선수들이 양쪽으로 왔다 갔다 하는 속도가 무척 빨라요. 그래서 경기 종료를 알리는 벨이 울릴 때까지 어느 팀이 이겼다고 말할 수 없을 정도입니다. 지켜보는 사람들도 손에 땀이 나요.

농구공은 주황색 바탕에 검은 줄무늬가 있습니다. 공으로 하는 운동 경기 가운데에 가장 큰 공을 사용합니다. 이 농구공에는 어떤 비밀이 숨어 있을까요?

표면이 울퉁불퉁해요

농구공은 마치 오렌지처럼 겉이 울퉁불퉁합니다. 농구 경기는 손으로 공을 주고받기 때문에 만약 공의 표면이 매끄럽다면 손에서 미끄러지고 말 거예요. 더욱이 농구공은 크기가 커서 한 손으로 잡기 힘들기 때문에 한 번 잡은 공을 놓치지 않는 것이 중요합니다.

농구장 바닥은 반짝반짝 빛이 나고 아주 매끈합니다. 이렇게 매끈한 농구장 바닥에서 매끈한 농구공으로 경기를 한다면 선수들은 자꾸 공을 놓치겠지요? 놓친 공을 쫓아다니다가는 골대에 공을 넣기가 쉽지 않을 것입니다.

표면이 울퉁불퉁한 농구공.

그렇다면, 표면이 울퉁불퉁하면 어째서 공을 덜 놓칠 수 있을까요? 그것은 울퉁불퉁한 표면이 마찰력을 높여 주기 때문입니다. 마찰력이란 두 물체가 접촉해서 운동할 때 접촉하는 면을 따라 그 운동을 방해하는 힘을 말합니다. 가령, 자동차가 달릴 때 매끈매끈한 도로와 울퉁불퉁한 흙길 가운데에 어디에서 더 빠른 속력을 낼 수 있을까요? 매끈한 도로입니다. 울퉁불퉁한 흙길보다 운동을 방해하는 마찰력이 약하기 때문입니다. 농구공 역시 마찰력을 높임으로써 손에서 떨어지려는 공의 운동을 방해하기 위해 표면을 울퉁불퉁하게 만드는 것입니다.

헌 공이 좋아요

공을 사용하는 대부분의 운동은 경기를 시작할 때마다 새 공을 사용합니다. 하지만 농구 경기는 그렇지 않아요. 다른 시합이 시작되어도 사용하던 헌 공으로 경기를 한답니다. 그 이유는 농구공 표면에 있는 돌기 때문이에요. 농구공 표면의 돌기들은 공을 사용할수록 점점 닳아 없어집니다. 헌 농구공일수록 돌기들이 작은 반면 새 공의 돌기는 무척 거친 상태랍니다. 표면 돌기의 상태에 따라 공을 던질 때 공의 방향이 많이 달라지므로 어느 정도 길이 든 농구공을 사용해요.

야구공의 과학

108개 솔기의 비밀

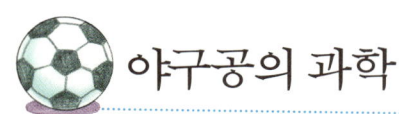

야구공에는 108개의 솔기가 있습니다. 솔기란 말이 생소하지요? 솔기는 실밥을 뜻해요. 꿰맨 실이 겉으로 드러난 부분이지요. 야구공을 보면 솔기가 보이는데, 이 솔기의 역할이 매우 중요하답니다. 솔기의 중요한 역할 가운데 하나는 바로 속도를 높여 준다는 점이에요.

솔기가 전혀 없는 야구공을 치면 시속 120~130㎞ 정도의 속력이 나옵니다. 그러나 솔기가 있는 야구공은 시속 140~160㎞까지 속력을 낼 수 있지요. 속력이 빠른 만큼 날아갈 수 있는 거리도 길고요.

솔기가 있는 공이 더 빨리 날아가는 이유는 무엇일까요? 그것은 바로 솔기가 공기와 마찰하면서 공기의 저항을 방해해 야구공의 속도가 떨어지는 현상을 막아 줍니다. 솔기가 없는 공은 겉이 매끄러워서 공기의 저항을 더 강하게 받기 때문에 좀 더 멀리 날아가지 못해요.

공의 솔기 덕분에 더 재미있는 게임을 할 수 있습니다. 공에 솔기가 있으면 투

야구공의 솔기는 공기저항을 줄여 준다.

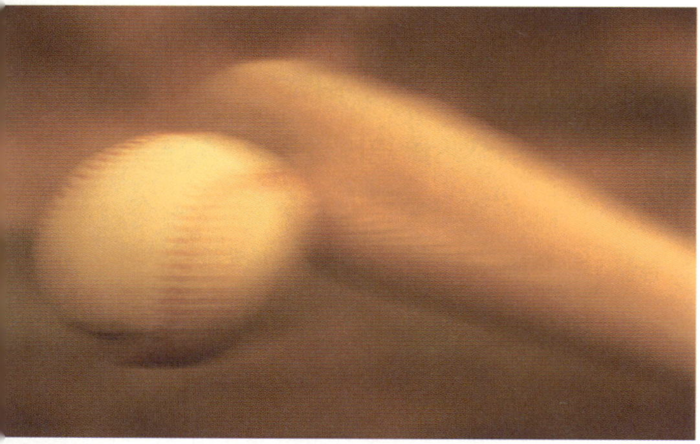

야구공의 솔기 덕분에 타자는 공을 더 멀리 날릴 수 있다.

수는 빠르고 강한 공을 던질 수 있고, 방망이를 휘두르는 타자는 홈런을 칠 수 있어요.

솔기가 중요한 또 다른 이유는 투수가 공을 던질 때 투수의 손과 야구공과의 마찰력을 높여 준다는 점이에요. 여러 방향으로 공을 던져야 하는 투수는 공을 던질 때 손가락과 공과의 마찰이 커야 합니다. 그래야 공이 손에서 미끄러지지 않고 타자가 예측하지 못하도록 마음먹은 대로 다양한 공을 던질 수 있습니다.

바셀린을 발라요

비록 옳지 못한 방법이지만 투수가 야구공에 바셀린을 바르고 공을 던지는 경우가 있습니다. 이는 투수의 손과 공과의 마찰력을 없애서 느리고 회전하지 않는 공을 던지기 위해서이지요. 이런 공을 너클 볼이라고 합니다.

공이 느리고 회전하지 않으면 타자들은 빨리 날아오는 공을 쳐야 할 때보다 더 혼란스러워합니다. 속도가 느린 공은 주위에서 부는 바람의 영향을 많이 받기 때문입니다. 바람이 어떻게 불어오느냐에 따라 공의 방향이 바뀌어서 공의 방향을 쉽게 예측할 수 없답니다.

TIP 요건 몰랐지?

공에 침을 발라요

예전의 투수들은 손에 침을 뱉어 공 전체에 바르기도 했다. ⓒ cbl62@the Wikimedia Commons

예전에는 야구 경기를 할 때 손에 침을 뱉는 투수들이 있었습니다. 손에 침을 왜 뱉는지 궁금하지요? 바로 공 표면을 더 매끄럽게 만들기 위해서랍니다. 공 표면에 침이 묻으면 표면이 매끄러워지면서 공기의 저항을 더 많이 받게 됩니다. 저항을 많이 받은 공은 진행 방향이 변합니다. 타자는 날아오는 공의 방향을 예측하기 힘들어지지요.

그런데 왜 공에 침을 뱉지 않고 손에 뱉을까요? 만약 공에 침을 뱉어서 한쪽 면만 매끄럽게 하면, 한쪽은 공기의 저항을 많이 받게 되지만 다른 한쪽은 공기의 저항을 덜 받게 됩니다. 그렇게 되면 양쪽 공기가 미는 힘의 균형이 깨지면서 앞으로 잘 나아가던 공이 갑자기 한쪽 방향으로 휘어 버립니다. 그래서 투수들이 손에 침을 뱉어서 공 전체에 골고루 발랐던 거예요.

Q&A 꼭 알고 넘어가자!

문제 1 골프공에는 울퉁불퉁 파인 자국이 있습니다. 왜 그렇게 만들까요?

문제 2 다른 경기와는 달리 농구는 경기할 때마다 헌 공을 사용합니다. 그 이유는 무엇인가요?

3. 야구공의 솔기는 공이 좀 더 빠른 속도를 내게 해 줍니다. 솔기가 공기와 마찰하면서 공기의 저항을 방해하기 때문이에요. 솔기가 있는 공은 공기와의 저항이 줄면서 야구공의 속도가 줄어들지 않도록 해 줍니다. 또 솔기는 투수가 공을 던질 때 투수의 손과 야구공과의 마찰력을 크게 해 줍니다. 그래서 공을 손에서 떨어뜨리지 않고 잘 던질 수 있습니다.

문제 3 야구공을 만들 때 왜 솔기를 넣을까요?

정답

1. 표면이 파여 있으면 공이 더 멀리 날아가기 때문입니다. 파인 자국이 있는 공의 표면에서 공기가 더 오래 머물 수 있어요. 공기가 공의 표면에 오래 머물수록 공이 날아가면서 공의 뒤쪽에서 생기는 소용돌이의 크기를 줄여 줍니다. 따라서 공기와의 저항이 줄어들고, 공기가 공을 받쳐 주는 양력이 커져서 공중에 머무는 시간이 늘어나지요. 공중에 머무는 시간이 길어질수록 공은 더 멀리 날아갑니다.

2. 농구공 표면에는 돌기가 있는데 이 돌기들은 공을 사용할수록 점점 닳아 없어집니다. 표면 돌기의 상태에 따라 공을 던질 때 공의 방향이 많이 달라져요. 새 공은 돌기가 거칠기 때문에 쓰던 공보다 방향을 짐작하기 어려우므로 어느 정도 길이 든 농구공을 사용합니다.

관련 교과

초등 4학년 1학기 4. 모습을 바꾸는 물
중학교 1학년 7. 모습을 바꾸는 물
중학교 3학년 2. 일과 에너지

5. 얼음 위의 경기

운동 경기는 여러 장소에서 즐길 수 있습니다. 축구처럼 넓은 잔디밭에서 할 수도 있고, 수영처럼 물속, 조정처럼 물 위에서도 할 수 있지요. 운동 경기를 할 수 있는 또 다른 곳은 어디일까요? 바로 얼음 위랍니다. 얼음의 매끄러운 특성을 이용하여 즐기는 운동 경기들에 대해 알아보아요.

컬링

동계 올림픽에는 한 선수가 얼음판 위에서 돌을 굴리고 다른 선수는 그 주위 얼음판을 솔로 열심히 문지르는 경기가 있습니다. 우리에게는 무척 생소한 이 경기의 이름은 컬링입니다.

컬링 경기는 네 명이 한 팀을 이룹니다. 한쪽에는 팀의 주장이 상황을 판

컬링 경기 장면. © Bjarte Hetland@the Wikimedia Commons

단하여 스톤이라고 불리는 돌의 위치를 정하는 등 전략을 세웁니다. 맞은편에는 스톤을 굴릴 선수가 준비를 하지요. 그 선수는 아랫면이 약간 편평하고 동글납작한 스톤을 돌리면서 미끄러뜨립니다. 그러면 다른 두 선수가 미끄러지는 스톤 앞에서 브룸이라 불리는 솔로 열심히 얼음판을 문지르며 달려가요. 브룸으로 얼음판을 문질러서 스톤이 앞으로 나아갈 길을 만들어 주는 것입니다.

화강암만 사용해요

컬링 경기에서 쓰는 스톤은 화강암으로 만듭니다. 특히 국제 경기에서

스톤. ⓒ Earl Andrew@the Wikimedia Commons

스톤의 재료인 화강암.

쓰는 스톤은 스코틀랜드 지방에서 캔 화강암을 사용하지요. 꼭 화강암 스톤을 고집하는 이유는 화강암이 가진 특별한 성질 때문입니다. 화강암은 화산이 폭발할 때 나오는 마그마가 식어서 굳은 암석입니다. 알갱이가 크고 매우 단단하지요. 컬링 경기는 스톤을 목표 지점에 정확하게 미끄러져 가도록 하는 것도 중요하지만, 때로는 상대편의 스톤을 쳐서 밀어 내야 합니다. 그런데 경기 도중에 스톤끼리 부딪쳐서 부서지기라도 하면, 얼음에 스톤 조각이 박혀서 경기를 계속할 수 없습니다. 이 때문에 세계컬링연맹에서는 국제 경기의 스톤은 단단한 화강암으로 만들어야 한다고 정했습니다.

매끄러워야 해요

컬링 경기를 보면 두 선수가 브룸으로 스톤이 가는 방향의 얼음판을 열심히 문지릅니다. 스톤이 멀리까지 미끄러질 수 있도록 하거나 선수가 원하는 방향으로 나아가게 하기 위해서 길을 만들어 주는 작업입니다.

컬링 경기장의 얼음은 표면에 작은 물방울들을 떨어뜨려서 얼음에 울퉁불퉁한 요철을 만듭니다. 요철이란 말이 생소하지요? 요철은 오목하게 파이거나 볼록하게 튀어나온 것을 말해요. 이 위를 미끄러지는 스톤은 마찰 때문에 멀리까지 미끄러져 가지 못하고, 곡선을 그리며 점점 느린 속도로 움직이게 됩니다. 이때 스톤이 나아가는 방향으로 얼음을 문질러 주면, 먼지나 서리가 사라집니다. 그뿐만 아니라 브룸이 얼음과 마찰하면서 생긴 열 때문에 얼음이 살짝 녹아 매끄러워지지요. 따라서 선수가 원하는 방향대로 스톤을 더 멀리 미끄러뜨릴 수 있습니다.

브룸. ⓒ tableatny@the Wikimedia Commons

스키

스키는 발밑에 합판이나 얇은 판자, 메탈 등과 같은 재료로 만든 길고 평평한 판을 대고 새하얀 눈 사이를 아주 빠르게 내려오는 운동입니다. 그런데 만약 하얀 눈 위가 아닌 모래 위에서 스키를 탄다면 어떻게 될까요? 빠른 속력으로 미끄러지듯 내려올 수 있을까요? 아마 걷는 것보다 느린 속도로 내려오게 될 거예요. 눈 속에 스키가 잘 미끄러지게 하는 비밀이 있기 때문이지요.

미끄러워서 더 좋아요

겨울에 큰 눈이 내리면 도시 여기저기에서 빙판에 차가 미끄러졌다는 교통사고 소식이 끊이지 않습니다. 눈이 쌓이고 얼어붙어서 길이 미끄러워진 것이지요. 차뿐만 아니라 사람들도 뒤뚱뒤뚱 조심스럽게 길을 걷습니다. 이렇듯 눈이 쌓이면 길이 미끄러워져서 불편해요. 그런데 반대로 눈이 와서 더 좋은 운동 경기도 있답니다. 바로 스키예요. 길을 걸어야 하는 사람들은 눈이 오면 무척 불편해지지만, 스키를 타는 사람들에게 큰 눈은 즐거운 소식입니다.

눈이 내렸을 때 길이 미끄러워지는 것은 마찰력이 작아졌기 때문입니다. 마찰력은 앞으로 나아가려는 것을 방해하기 때문에, 마찰력이 줄수록 방해

상체를 숙이고 무릎을 굽힌 채 내려오고 있다. ⓒ Skistar Trysil@the Wikimedia Commons

하는 힘이 작아져서 앞으로 나아가기가 쉽습니다. 따라서 스키를 즐기기에는 눈이 와서 바닥의 마찰력이 줄어든 날이 더 좋답니다.

위에서 아래로 내려와요

스키장의 높이가 높고 경사가 급할수록 더 빠르게 운동을 즐길 수 있습니다. 선수가 가진 위치에너지가 크기 때문입니다.

위치에너지는 질량을 가진 물체가 어떠한 높이에 있을 때 지니게 되는 에너지를 말합니다. 높이가 높을수록, 질량이 클수록 위치에너지는 더 커져요. 높은 곳에 서 있던 선수가 밑으로 내려오기 시작하면, 위치에너지가 운동에너지로 바뀝니다. 더 큰 위치에너지를 가지고 있을수록 더 큰 운동에너지를 낼 수 있습니다.

스키를 탈 때는 미끄러져 내려오는 속도를 조절하면서 즐겨야 합니다. 사람이 똑바로 서 있을 때 몸의 무게중심은 배꼽 밑으로 약 2.5㎝ 되는 곳

관성

자신의 운동 상태를 그대로 유지하려는 성질을 말합니다. 정지한 물체는 계속 정지해 있으려 하고, 운동하는 물체는 속력과 방향을 유지하려 합니다. 질량이 클수록 관성도 큽니다.

에 있지요. 하지만 스키를 타고 내려올 때에는 관성 때문에 몸의 무게중심이 계속 뒤에 남아 있으려고 합니다. 그에 반하여 바닥에 닿는 부분인 다리 쪽은 아래로 미끄러져 내려가므로 스키를 타는 사람은 자꾸만 뒤로 넘어지려고 해요. 그래서 빠르게 내려오면서도 뒤로 넘어지지 않으려면 무릎을 굽혀 무게중심을 낮춰야 합니다. 또 상체를 약간 앞으로 굽혀서 무게중심이 몸의 앞쪽으로 오게 해야 해요. 속도가 빨라질수록 무릎은 더 굽히고 상체는 좀 더 앞으로 숙여야 뒤로 넘어지지 않고 스키를 탈 수 있어요. 높은 곳에서 빠르게 내려오는 선수들이 자세를 낮추고 상체를 앞으로 숙이는 이유를 이제 알겠지요?

TIP 요건 몰랐지?

몸에 딱 붙는 옷을 입어요

스키 선수들의 경기를 보면 모두 몸에 딱 붙는 쫄쫄이 옷을 입고 있습니다. 왜 이렇게 딱 달라붙는 옷을 입었는지 궁금하지요? 이 옷을 입으면 더 좋은 기록을 낼 수 있기 때문입니다. 빠르게 내려오려면 헐렁한 바지보다는 쫄쫄이 바지를 입어야 한답니다.

스키는 굉장히 빠른 속도로 산 위에서부터 밑으로 내려오는 경기입니다. 빠르게 달리는 자동차의 창문을 열고 바람을 느껴 본 적이 있나요? 바람이 너무 거세게 불면 창문을 통해 들어오는 바람도 무척 거세서 숨 쉬는 것도 어렵습니다. 스키를 탈 때도 마찬가지입니다. 스키 선수들은 빠르게 눈 위를 내려오면서 엄청나게 거센 바람을 맞습니다. 이때 바람을 받는 면적이 넓을수록 더 많은 바람을 받게 되지요. 이 바람은 선수들이 앞으로 나아가는 것을 방해하는 공기저항입니다. 공기저항이 셀수록 속력을 내는 데 방해를 받아요. 공기와 닿는 면적을 최대한 줄여서 공기저항을 최소한으로 줄이기 위해 몸에 딱 붙는 옷을 입습니다.

머리 위에 헬멧을 쓰는 것도 같은 원리입니다. 공기는 매끄러운 곳을 만났을 때 저항이 약해지므로 헬멧을 쓰고 경기를 한답니다.

Q&A 꼭 알고 넘어가자!

문제 1 컬링 경기에서는 꼭 화강암으로 만든 스톤을 사용합니다. 그 이유가 무엇일까요?

문제 2 컬링 경기를 보면 스톤 바로 앞에서 두 선수가 브룸이란 솔로 바닥을 문지르며 길을 만듭니다. 왜 그럴까요?

3. 아주 빠른 속도로 미끄러지는 재미를 느끼려면 눈이 오는 편이 더 좋습니다. 눈이 내리면 바닥의 마찰력이 작아져서 길이 미끄러워지기 때문입니다. 마찰력은 앞으로 나아가려는 것을 방해하기 때문에, 마찰력이 줄수록 방해하는 힘이 작아져 좀 더 멀리 나아갈 수 있지요.

4. 스키를 탈 때에 몸의 무게중심은 뒤에 있으려 하고 발은 자꾸 미끄러지므로 넘어질 수 있습니다. 넘어지지 않으려면 무릎을 굽혀 무게중심을 낮추고, 상체를 앞으로 굽혀서 무게중심이 몸의 앞쪽으로 오게 해야 합니다. 속도가 빨라질수록 무릎을 더 굽히고 상체는 좀 더 앞으로 숙여야 뒤로 넘어지지 않고 스키를 탈 수 있어요.

문제 3 스키는 눈이 와야 더 재밌게 탈 수 있습니다. 어떤 원리 때문일까요?

문제 4 스키를 탈 때 넘어지지 않으려면 어떻게 해야 할까요?

정답

1. 컬링 경기는 스톤을 목표 지점에 정확하게 미끄러져 가도록 하는 것도 중요하지만, 상대편의 스톤을 쳐서 밀어 내는 것도 중요합니다. 만약 경기 도중에 스톤끼리 부딪쳐서 부서지면 얼음에 스톤 조각이 박혀서 경기를 계속할 수 없습니다. 그래서 알갱이가 크고 매우 단단한 화강암으로 스톤을 만들어요.

2. 스톤이 멀리까지 미끄러질 수 있도록 하거나 선수가 원하는 방향으로 나아갈 수 있도록 브룸으로 얼음판을 문질러 길을 만들어 줍니다. 스톤이 나아가는 방향으로 얼음판을 문지르면 먼지나 서리가 사라집니다. 또 얼음과 마찰하면서 생긴 열 때문에 얼음이 살짝 녹아 매끄러워져서 더 멀리 나아갈 수 있어요.